中公新書 1646



松谷明彦
藤正　巖　著

# 人口減少社会の設計

## 幸福な未来への経済学

中央公論新社刊

# はじめに

## 西ヨーロッパの街で

街は賑わっている。今日は週日の昼前。中高年ばかりでなく、たくさんの幼児とその親も見かけられる。観光地でもない人口わずか数千人から数万人の、しかも人口が少しずつ減っている街がどうしてこんなに賑やかなのだろうか。西ヨーロッパの小さな都市を訪ねるたびに、日本の小都市ではまず味わうことのない、躍動にも似た街の息吹きに驚かされる。しかもそれらの国々では、ここ数十年間一貫して日本より経済成長率は低かったのである。

人が減るのは悪いことではない。要は人口の減少にどう対応するかの問題である。もし経済や社会に悪影響があるとすれば、それは対応を誤ったことによるのであって、人口の減少それ自体の問題ではない。

しかし日本では、人口の減少自体を問題にする議論が多い。例えば「人口が減った国が栄えたためしはない」「少子高齢化は高負担社会をもたらし、日本経済を破綻《はたん》させる」と暗い未来を語る経済学者がいる。「経済成長を維持するために人口の減った分だけ外国人労働者を入れるべきだ」と主張する産業人がいる。つまり人口減少は日本の経済社会にとっての災禍だから、人口が減らないようにすることが一番の対応だということであろう。それを受けて、「人口を維持するために子供の数を増やすにはどうすべきか」ということを議論する各種の委員会がたくさんできあがった。

しかし、ＯＥＣＤ（経済協力開発機構）加盟国と旧東欧圏の国で、一人の女性が一生に産む子供の数が、持続的に二人を超える国などありはしない。西欧諸国では一・八人以下である。だからどの先進国でも人口の減少に直面しているのであるが、人口の減少自体を問題にしている国はあまりない。ましてや子供が生まれないのを「少子」（英語の訳語は存在しない）などという変な言葉で社会問題化することもない。社会がきちんと運営さえできれば、子供の出生数は個人の問題である。

**人口減少がなぜ問題なのだろう**

人口の減少が、経済や社会に対する大きな衝撃となることは確かであろう。その衝撃がもたらす種々の問題について、このところ議論がさかんになってきたが、その大方の意見はやはり「未来は暗い」とするものである。

最も多いのは、年金支出や医療保険支出が増加し、収支の悪化から社会保障制度の維持が困難になるという論点である。しかし検討にあたって、人口構造が変化するのに対応し、どの程度の負担と給付であれば持続できるかという視点を加えれば、決して有意な回答が得られないわけではない。ただしその実行に大きな政治的困難を伴うことは理解できる。

人類社会の発展には経済成長が不可欠であるという議論もある。労働力の減少から経済規

第１図　トーキー（Torquay. イギリス南西部の海岸保養地，人口５万9600）と日本の中小都市の週日午前10時半.

模が縮小すると技術開発や社会インフラの整備が進まなくなり、いわばジリ貧に陥るという論法である。しかし技術開発はいかに少ない労働で多くのモノを生み出すかという努力から生まれてきたのだから、労働力の減少が、かえって技術開発に対する刺激になるとも考えられる。また、人々が自らの消費をあきらめて税を負担してでも整備すべきだと考えるものが、社会にとって必要なインフラである。その整備は、経済規模が縮小しても進むはずである。それはしかし少数の支持しか得られない社会インフラまで整備する余地は当然少なくなる。財政の効率化の観点からは、むしろ望ましい方向ではないか。

また人口の減少が起これば労働市場が余剰から不足に転じ、労働コストが上昇するという意見もあるが、人口の減少によって経済が縮小すれば、各企業の生産高も縮小せざるを得ないのだから、それによって労働市場における需要も縮小することを忘れている。

「人口が減れば消費が減る。消費が減れば物価が下がる。地価は下がり、企業の収益率の低下から株価も下がる。経済は低迷するだろう」という意見もある。しかし人口の減少によって労働力が減れば生産量も減る。つまり供給も減るのだから、物価が下がることはない。そして生産量が減れば企業のコストもそれに合わせて縮小するはずだから、基本的には企業の収益率も低下しない。地価は下がるだろうが、生産活動が縮小するのだからそれは当然のことであり、国民生活の観点からはむしろ望ましいことではないか。地価の下落によって金融機関のバランスシートが悪くなると指摘する人は、土地とはそこに人が住み、そこで生産が行われるためにこそあるのだということを考えてほしい。

**人口減少は厳然たる未来、そこでどうするか**

人口減少社会が暗いという人には、それでは人口増加社会はどうだったかと問いたい。戦後の急速な人口の増加のなかから生まれた経済は、人々に幸福をもたらしただろうか。拡大する経済が変化させた社会は、多くの人が満足感を得られるものだっただろうか。

そして人口減少は厳然たる未来である。「いつかは人口が増加するだろう」「わが国は人口を増やせるだろう」という願望からは何も生まれない。それにもかかわらず人口増加を期待するのは、将来の経済や社会の仕組みが見えないための不安がそうさせるのではないか。

本書では、さまざまな予測手法を用いて、これから到来するであろう経済と社会の姿を描いてみる。これまで増加を続けてきた人口が逆に減少し、しかも急速な減少に向かうことの衝撃はさすがに大きく、日本は経済と社会の変質といってよいほどの大きな変化に直面する。企業は従来の経営手法を捨てざるを得ないだろう。産業構造は大きく変化しよう。人口の地理的な分布も変化し、政治は流動化に向かうだろう。ただしわれわれは、そうした変化を悲観的にとらえるべきではないと考えている。要は人々がその変化にいかに速やかに順応できるかの問題である。その観点からいくつかの提言を試みる。目標は人々が幸福を感じられる経済と社会、キーワードは消費、国際分業、地域社会、新しい都市設計、そして医療制度である。

## 極大値後の社会（Post Maximum Society）

人口は極大値を迎えようとしている。ヒトという生物種としてみても、その生存環境である地球環境の制約はすでに抜き差しならないところまできている。人口だけでなくエネルギーや資源、生存空間など種々の人間社会を維持してきた要素が、あるものはすでに極大値を迎え、あるものはこれから間もなく極大値を迎える。すでにいまから四半世紀も前にローマクラブでJ・W・フォレスターらが「成長の限界」を指摘（一九七二年）したが、それが現実となってあらわれたとも考えられる。そして、われわれが指摘できるのは、極大値を迎えた後の社会の運営方法が、その前の社会のそれと大幅に異なるだろうということだ。

これまでの社会は人口増加と経済成長を核にして、量的拡大があるものとして運営されてきた。経済や社会の種々の不均衡もその拡大エネルギーのなかで解消されてきた。しかし人口の減少によって社会は量的拡大のエネルギーを失う。不均衡解消のためのエネルギーがなくなれば、既得権を維持しようとする先住者が有利で、新しく参入する人は不利である。調整がつかないまま不均衡は拡大し、不均衡を解消しようとすれば社会は不安定、不確実なものとなるかもしれない。

しかしうまくいかない場合だけではない。それならば人口が長いあいだあまり増加しない西欧の社会が、安定して運営されてきたことをどのように説明できるのだろうか。二〇〇年余にわたって鎖国していた江戸時代の日本には、西欧に比して大きな飢饉《ききん》や疫病もなく、多くの庶民が独創的文化をつくり出し「太平の民」を享受できたのはどのように説明できるのだろうか。

そこで次のような課題が生まれる。それは人類が初めて経験する、極大値を迎えた後の社会の持つ課題である。「極大値後の社会（Post Maximum Society）」を理解し、それをどのように運営すべきかは、政治家や行政官に任せておける問題ではない。自分で考え、自分でその方向を見極めることが必要となる。未来は決して悲観すべきものではなく、そこには明るささえ感じられる。そしてその明るさを確実なものとすることが、本書の目的である。

執筆は、第一章、第三章の3、第四章の2を藤正が、第二章、第三章の1、2、第四章の1を松谷が担当した。多くの読書子の反論を期待している。

目次

# 人口減少社会の設計

# 第一章　人口減少社会がくる

二〇世紀は急激な経済発展の時代だった。経済規模が拡大し、養える人口は多くなった。人口が増えるか減るかで企業経営や公共政策は大きく異なる。それだけでなく、人口の年齢構成を含んだ人口構造の変動が経済を大きく変える。では将来の日本の、そして世界の人口構造はどうなるのだろうか。

結論から先にいおう。日本と西欧諸国ではこれから数年先に人口が減り始める。西欧としたのはアメリカ大陸やオセアニアの国々を除くからである。人口の爆発的増加への恐れから人口を高めに推計することの多い国連の推計（一九九五年）をとってみても、日本は二〇〇七年（日本の社会保障・人口問題研究所が提供した推計）、イタリアで一九九七年、スペインで一九九九年に人口のピークを迎え、その後は減少に転ずる。ドイツではすでに一九七六年をピークに減少し、一九八四年から増加に転じたものの、二〇〇四年以降は再び減少する。政策研究大学院大学の推計では各国とも国連の予測より早く、日本の場合は二〇〇六年にピークを迎えてその後急速に減少する。

ではなぜ人口が減少するのだろうか。

**長い平均寿命**

日本や西欧諸国で人口が減少するのは、生まれる子供の数が減るからではない。「少子化」

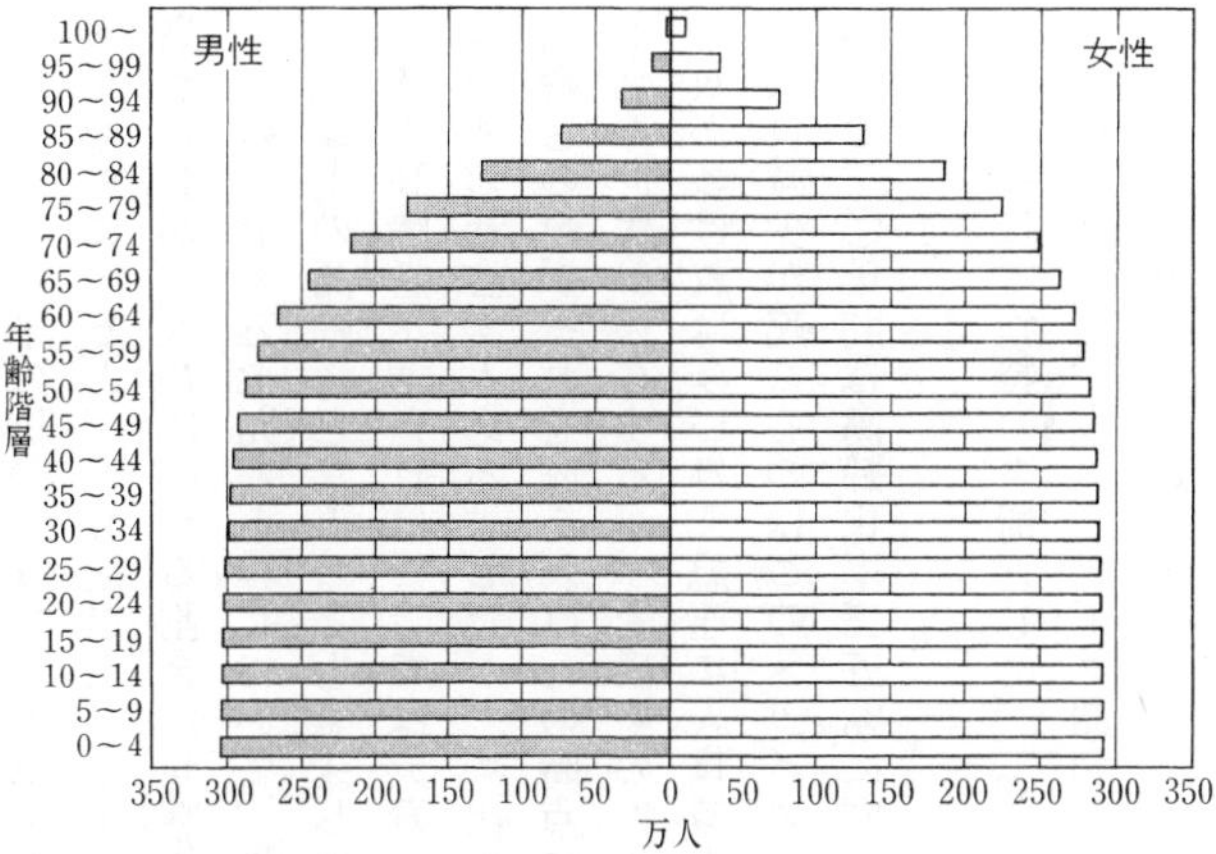


**第2図**　毎年1995年と同数の子供が生まれ，1995年の年齢階層別死亡率で死ぬと仮定してつくられた人口ピラミッド．５年ごとにまとめて推計してある．

で人口が減るわけではないのだ。実は人口減少の原因は人口構造の変化そのものにある。将来の人口構造を決める要因は二つある。第一に年齢ごとの死亡率、そして第二に一人の女性が生涯に産む子供の数（出生率）である。

　第一の要因を考えるために、毎年同じ数の子供が生まれ、年齢別の死亡率で年々死んでいくと仮定してみよう。例えば五〇歳の人口にその年齢の死亡率をかけて死亡数を計算し、それを五〇歳の人口から引いて、次の年齢階層（五一歳）の人口とするという計算を繰り返す。こうして計算される仮想的人口構造は、ある年の年齢別の死亡パターンをあらわしている。日本では五年に一度の国勢調査のたびに年齢ごとの死亡率を使って、将来のこのような人口構造を推計している(静止人口と呼ぶ)。一九九五年の死亡率をもとにすると、六五歳以上まで生き残る人の割合は二一・四四%になる。六五歳以上の高齢者数が全人口に占める割合(高齢化率)の実測値は一九九五年の一四・五%から二〇〇〇年の一七・五七%に上昇していて、現在の死亡率のまま推移すれば、五人に一人以上が六五歳以上の高齢者となることを意味している(第2図)。

さて高齢者が増えれば一方では天寿を全うして死亡する人が増えるのは当然で、高齢社会は多死の社会でもある。したがって出生する子供の数が毎年変わらないとしても、死亡する高齢者の数がそれを超えればその時点で人口の減少が始まる。先進国はどの国にもベビーブーマー世代が存在するが、今後その世代が高齢化していくことを考えれば、ベビーブーマーの数が多ければ多いほど急速に人口減少が起こる。高齢者の数が多くなった日本や西欧諸国で人口減少が起こるのはこのメカニズムによる。現在、各国とも死亡率はほぼ同一で、これからの三〇年間は高齢化率三五%に向かって進み、それに伴って人口の減少が起こることになる。

さらに日本独特の事情として、「団塊の世代」とその子供の世代の占める割合が各国と比べてかなり多く、人口のピーク期間が短いため人口減少を加速することになる。日本の二〇〇〇年時点での人口ピラミッドを眺めてみると、五〇歳代前半の人口が最も多い。この世代はこれから高齢者の仲間入りをし、今後人口が減少する原因となる。また二〇歳代後半の人口がその前後の世代を圧倒して次のピークをつくり（「団塊の世代」の子供たちの世代）、それより若い世代は後になればなるほど急速に少なくなっている。二〇歳代後半の最も出生力のある世代が減少することにより、その世代の女性が北欧並みに一・八人の子供を産んだとし

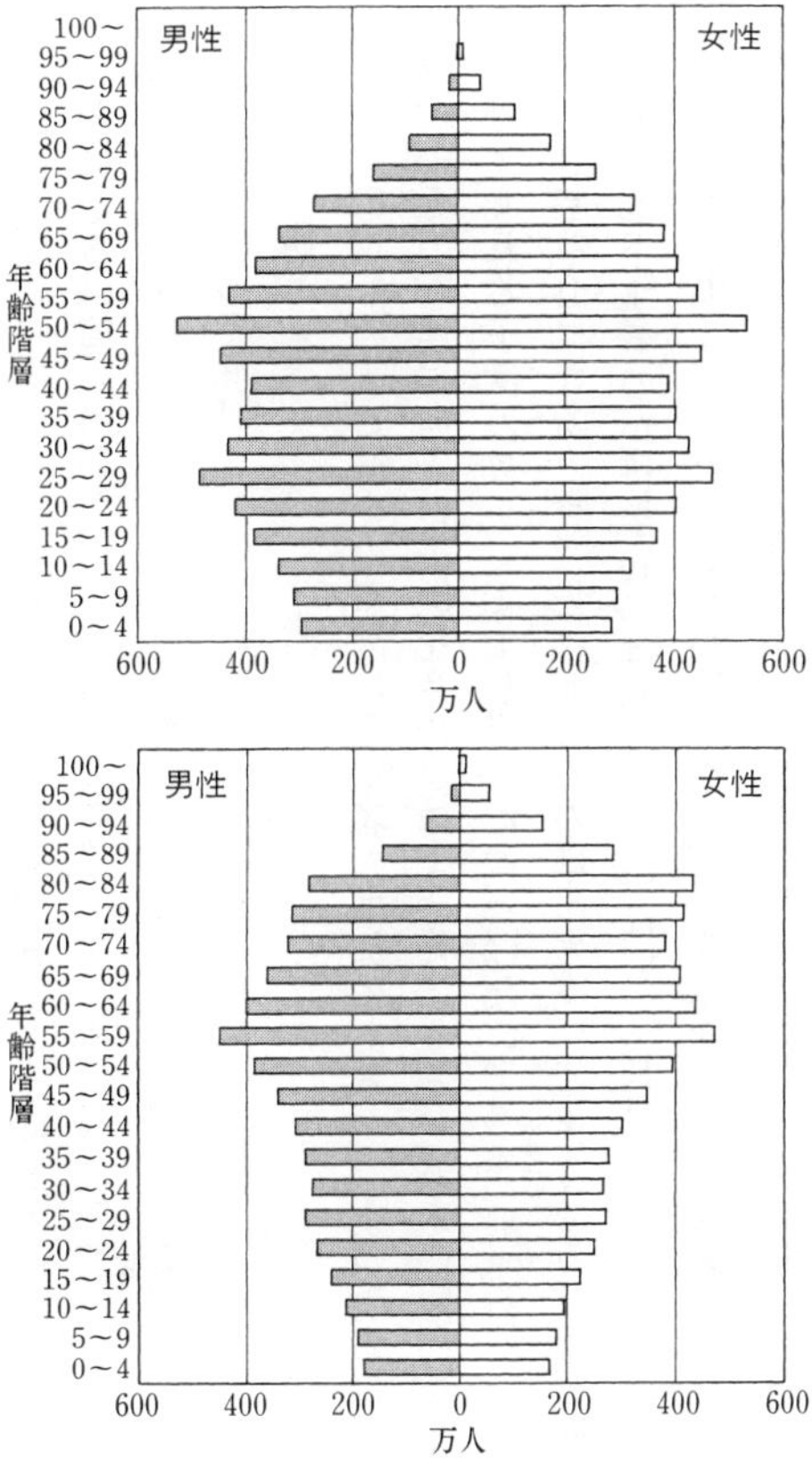


**第 3 図**　2000年の日本総人口（上）と2030年の日本総人口の予測（下）．2000年の 1 億2692万人が，2030年には 1 億1222万人となり11.6％減少する．高齢化率は32.4％となる（2000年国勢調査より推計）．

ても、出生する子供の数はこれから二五年間、五年ごとに一・八％以上の割合で減少していくことになる（第3図）。

われわれが理想としてきた長寿社会は人口減少社会なのである。

**出生率の低下**

今後三〇年間の人口減少の原因は高齢者の増加にあるが、その後人口が減少し続けるか否かは、一人の女性が何人の子供を産むかによって定まる。過去の傾向からすると、今後三〇年間は生まれる子供の数がいまより増えることはない。

実は高齢社会になると真っ先に起こるのは出生率の低下である。なぜ社会が高齢化すると出生率が低下するのか科学的にはわかっていない。WHO（世界保健機関）の定義によれば高齢化率が七％を超えた社会を高齢化社会、一四％を超えた社会を高齢社会と呼ぶが、実際、高齢化率が七％を超えた国ではほぼ例外なく出生率は二・一人以下である。二・一人以下の場合、その国の人口はほぼ一世代後（二〇〜三〇年後）に減少し始める。

日本ではすでに一九七〇年に高齢化率が七％を超えた。二〇〇〇年には地球全体も高齢化率七％となった。さらに先進国ではほとんどの国が高齢化率一四％を超えている。高齢化率一四％を超えると女性が生涯に子供を産む数はせいぜい一・五人程度となり、多い年でも

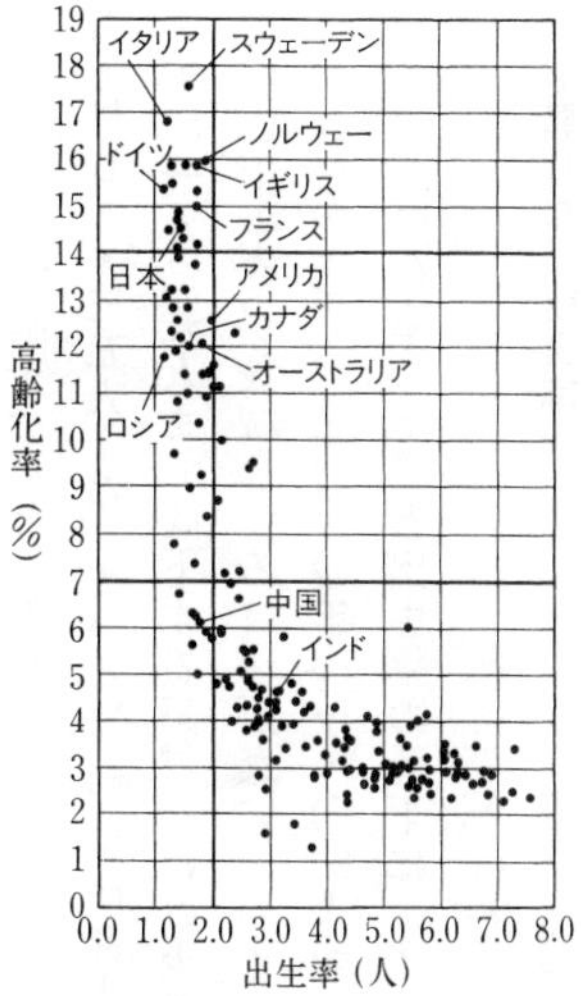


**第4図**　各国の高齢化率と出生率の関係．高齢化率7％を超えると，人口を維持するに足る出生率 2.1 人を割る国が多い（国連人口統計より作成）．

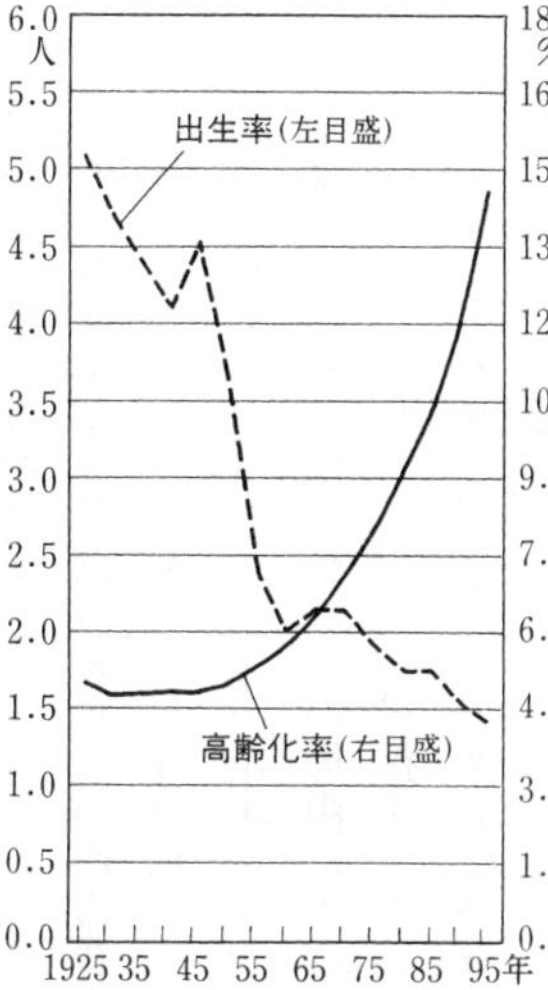


**第5図**　日本人の合計特殊出生率（一人の女性が生涯で産む子供の数）と高齢化率の推移．

一・八人を超えることはない。この状況では人口減少は必至である（第4図）。

日本の出生率も、高齢化率の上昇に従って下降してきた。高齢化率は一九三〇年に四・七％と最低値を示した後、一様に増加してきた。一方出生率は戦後の一時期（「団塊の世代」の生まれた時期）を除いて一九二五年から一様に低下している。一九七〇年以降この二つの率のあいだには高い相関がみられる。こうして一九九四年には高齢化率が一四・一％を超え、下がり続けた出生率は一九九九年に一・

三四人と最低値を示した(第5図。二〇〇〇年にはミレニアム出生があり、出生率はわずかながら上昇し一・三五人となっている)。政策研究大学院大学の予測では、日本の出生率は二〇一五年に一・二五人まで低下するが、それ以後微増し、現在の一・三五人を維持する。これほど低い出生率が長続きするはずがないとの予測もあるだろうが、現に東京都の出生率はこれよりさらに低く、二〇〇〇年に一・〇四人を示している。将来は一・〇人を割ることもあり得る。高齢化率の上昇と出生率の低下によって、人口は減少し続けることになる。

## 上昇しない出生率

日本の出生率はなぜ低下してきたのだろうか。

その一つの理由は、子供の養育にかかる費用が経済成長率以上の割合で上昇したことである。子供を育てるコストが子供を持つ利益や魅力より大きければ、子供の数は減る。社会主義体制に属していた東欧の国々の出生率が、ベルリンの壁崩壊(一九八九年)後、きわめて小さくなっているのはまさにこの理由による。ロシアは急速に人口が減少していて、経済的理由による人工妊娠中絶が多く、養育コストが子供の数を制限している。戦後の日本でも、高度成長期に入るまで、きわめて多数の妊娠中絶が行われている。逆にスウェーデンのように、子供が多ければ多いほど得られる児童手当が増加する(第一子七五〇クローネから、第五子一五〇〇クローネまで増加、二〇歳まで。一クローネは一五円強）制度をつくって出生率を上げようとしている国もあるが、その実効性はまだ確認されていない。

女性が社会に進出するとともに女性の所得が上昇し、子供の養育で失われる所得のあいだでトレードオフが生ずることも、女性が子供を産まない一因となる。例外的に、例えば男女の議員定数を男女人口比で分割するように、社会が完全に男女共同参画となっている北欧では、女性の就労率の上昇が子供の養育の費用の増加につながらないために、所得の増加に伴って出生率が上昇することもある。

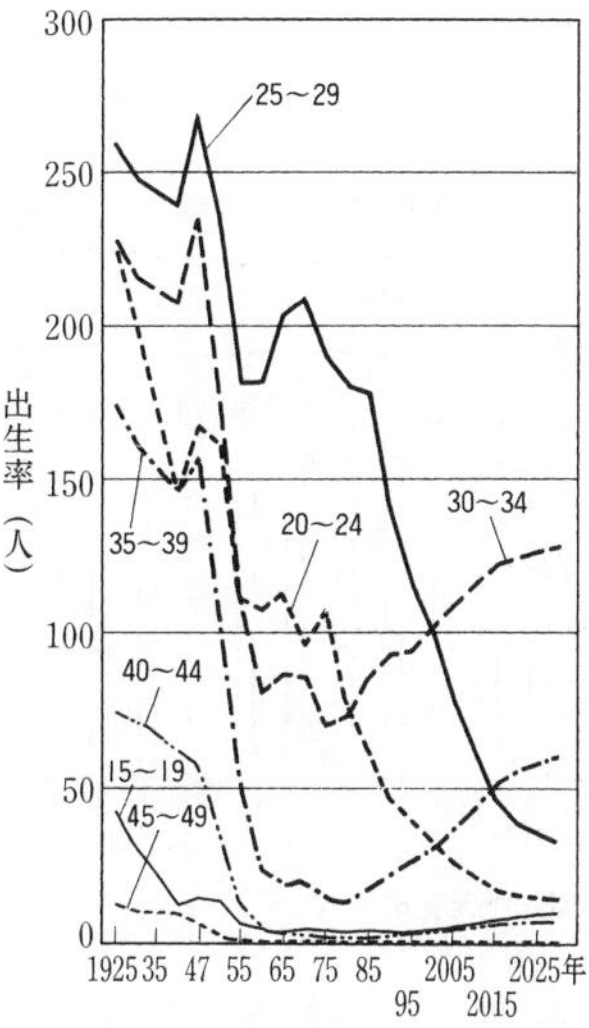


**第6図**　日本人の年齢階層別出生率．女性1000人あたりの年間出生数を示す．1995年以降は1970～95年のトレンドより推計．

さらに出産と、結婚などの制度との関係が強固な場合は、近年の傾向である女性の未婚率の上昇が、そのまま出生率に影響を与える。例えば日本では、この三〇年間で女性の未婚率は全世代にわたって高くなり、生物学的に最も出生能力の高い二〇歳代前半の女性の未婚率は九〇％近くに達し、統計上最も出生率が高い二〇歳代後半の女性の未婚率も五〇％

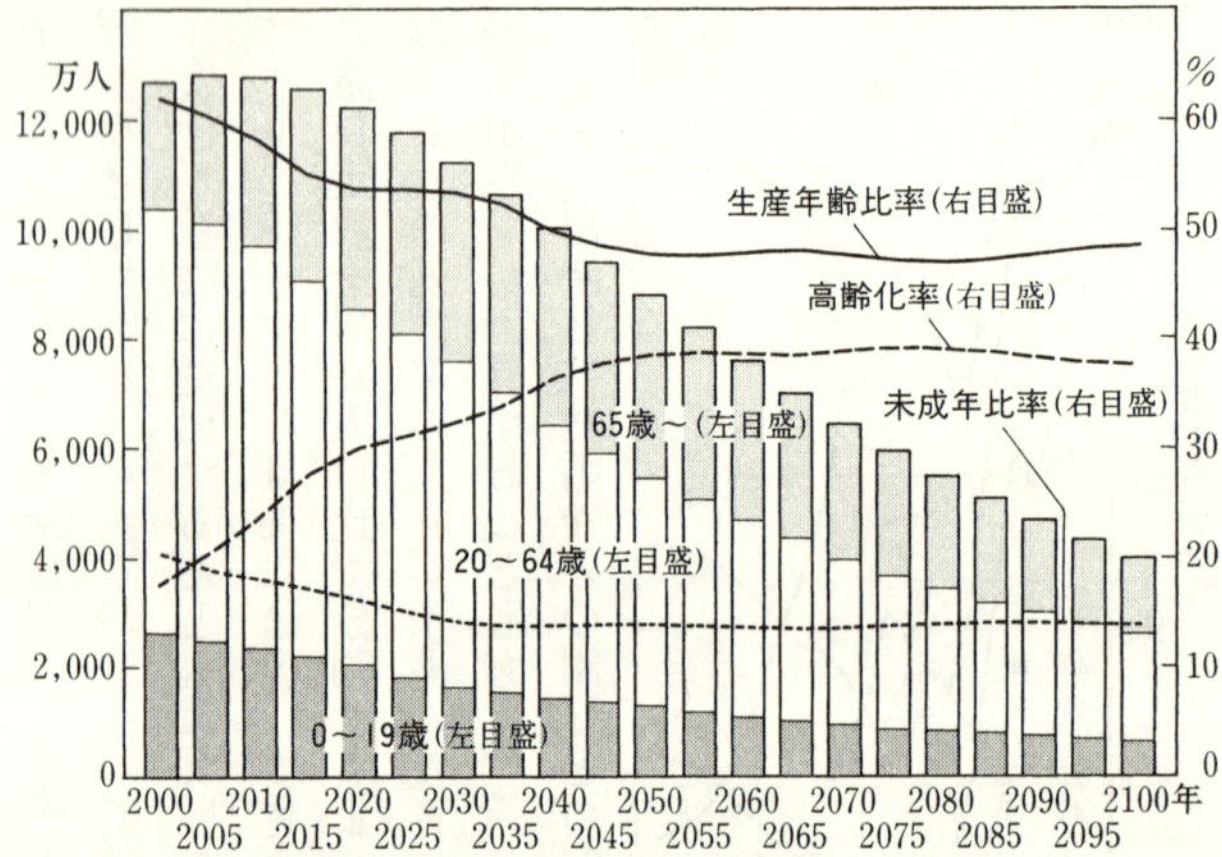


**第7図**　日本総人口の予測（2000年国勢調査より推計）.

を超えようとしている。この結果、出生率は二〇歳代より三〇歳代の方が高いという現象が起こっている（第6図）。西欧諸国でも三〇歳代前半の出生率が最も高いから、これは先進国共通の出生事情である。医学的には高年初産婦が二人以上の子供を産むことはほぼ不可能に近い。未婚の母がほとんど存在しない日本で出生率が年々低下するのはごく自然なことである。

これに対して高齢化率が高いのに出生率が高い西欧諸国では、女性の社会進出が盛んで、婚姻外出生が高率を占める。出生率が一・五人以上のオランダや北欧諸国では、出産には結婚が前提とならなくなっている。

## 二〇三〇年以降の日本の人口

高齢化率と出生率が相関関係にあるとして推

計すると、日本の人口は二一世紀の中頃、一九四五年の人口である八〇〇〇万人を割り、二一世紀末には江戸時代の末期の三千数百万人にまで減少する（第7図）。しかし出生率は社会がどのように成熟化していくかにかかわる関数である。二〇三〇年以降の人口の動向は、将来世代がどれだけ子供を産むようになるかにかかっている。

ともあれ今後三〇年間は人口減少の時代である。さらに二〇三〇年以降に向け、安定した成熟社会を設計するためには、最初に急激な人口減少を起こす日本が自らで考え出さなければならない。社会と経済がうまく運営されればそれは世界のモデルケースになるだろう。この三〇年間の経済は日本の正念場であり、人口減少社会の経済学はその理論的根拠を与えるために必要なのである。

# 第二章　人口増加は何をもたらしたか

## 1　人々は幸福になったか

前章でみたように急速な人口減少は厳然たる未来である。そして多くの人がその未来を暗い未来だと考える。それはおそらく、経済のことを念頭に置いているからだろう。後述するように、経済成長率は人口の増加率と密接な関係にある。人口の減少によって、基本的には経済は縮小に向かう。経済の縮小が人々にとってマイナスであれば、人口減少は確かに暗い未来をもたらす。しかし経済が縮小することは本当にマイナスなのだろうか。その問題を考えるために、この節では、人口増加のもとで拡大してきたこれまでの日本経済が、果たしてわれわれにとってプラスであったのかどうかを検証する。

その場合、あらかじめ明らかにしておくべきことは、何をプラスと考え、何をマイナスと考えるのかという判断の基準である。ここではその基準を人々の幸福の実現に置くこととしたい。

**幸福度の国際比較**

最初に必要となるのは「幸福」の定義であるが、ここでは幸福とは「労働時間あたりの所得が多いこと」とする。その理由は後で説明するとして、まず幸福をそのように定義した場合の、われわれ日本国民の幸福の度合いを他の先進諸国と比較してみよう。ただしこの場合注意を要するのは、所得の意味である。お金はモノを得るための手段である。人はお金そのものからではなく、お金で買ったモノによって幸福を感じる。他国と比較して労働時間あた

1980年代

| | 日　本 | アメリカ |
|---|---|---|
| GDP | 226.7 | 511.1 |
| 国民一人あたりGDP | 100.4 | 114.8 |
| 労働者一人あたりGDP | 90.2 | 120.6 |
| 労働時間あたりGDP | 79.2 | 118.7 |
| 労働時間あたり労働所得 | 74.6 | 113.6 |
| 労働時間あたり労働所得（購買力平価換算） | 63.3 | 115.4 |

1990年代

| | 日　本 | アメリカ |
|---|---|---|
| GDP | 246.7 | 393.6 |
| 国民一人あたりGDP | 134.6 | 103.4 |
| 労働者一人あたりGDP | 104.7 | 93.4 |
| 労働時間あたりGDP | 92.3 | 86.7 |
| 労働時間あたり労働所得 | 89.7 | 84.6 |
| 労働時間あたり労働所得（購買力平価換算） | 72.1 | 105.7 |

**第8図**　各国経済の比較．ドイツ・フランスの平均を100として比較．OECD:Annual National Accounts, Purchasing Power Parities, ILO: Bulletin of Labour Statisticsに基づき算出．1980年代は1980～89年，1990年代は1990～97年の平均値．

りの所得が多くても、物価がその分高ければ買えるモノの量は同じだから、幸福の程度は同じである。したがって、幸福の度合いを他国と比較する場合には、労働時間あたりの所得とは金額ではなく、それによって買うことができるモノの量としなければならない。

第8図は各国の経済をさまざまな指標を用いて比較したものである。まず経済全体の規模つまりGDP（国内総生産）はアメリカが最大で、次いで日本、ドイツ・フランスであり、これは両年代とも変わらず、かつそれぞれの差はかなり大きい。一方、GDPを人口で割った国民一人あたりのGDPは、一九九〇年代に至って逆に日本が最大となり、アメリカやドイツ・フランスを三割以上も上回っている。もし国民一人あたりのGDPが大きいことを幸福の基準と考えるなら、間違いなく日本国民は世界で一番幸福である。

しかしGDPをその国の労働者の数で割った労働者一人あたりのGDPでみると、日本は一九九〇年代においてもドイツ・フランスやアメリカとそれほど差がない。それにもかかわらず国民一人あたりのGDPが三割以上も大きくなるのは、日本では他の先進諸国に比べ、ずっと多くの割合の人が働いているからである。一九九〇年代でみると、日本では五二～五三％の人が働いているが、先進国で過半数の人が働いている国はほかにはない。アメリカでもドイツでも四五％前後であり、フランスでは四〇％を下回っている。日本の国民一人あたりのGDPは確かに世界一ではあるが、こうしてみると、それはいわば国民あげて働いていることを示しているにすぎなくなる。

次にGDPを、全ての労働者が一年間に働いた時間の合計（国民総労働時間）で割ってみる。GDPを国民総労働時間で割るということは、一人の労働者が一時間働くとどれくらいのモノが生産されるかを求めることであり、それを「労働生産性」というが、第8図にみるように、日本の労働生産性は一九九〇年代においても九二・三と、ドイツ・フランスをかなり下回っている。ドイツやフランスで人々が一〇〇時間働くことでつくることのできるモノが、日本では一〇八時間かけないとできないのである。ロボット化の進展など、日本企業の効率性は高いといわれているが、農林漁業、製造業、サービス業など全ての産業を含めた日本経済全体では、実は決して効率がよいわけではないのである（日本の労働生産性は一九九〇年代にはアメリカを上回っているが、これは為替レートが一九八〇年代に比べ四割以上も円高になっていることによる）。

この点について、「現在は不況で売り上げが伸び悩んでいるから、それだけしか生産していないのであって、できるできないという能力の問題は別だ」との反論があるかもしれない。しかし労働生産性は、GDPを人々が実際に働いた時間で割ったものである。不況であれば残業時間が減るし、パートタイム労働者などの雇用も減少する。それによって減少した国民総労働時間で生産量を割った結果なのだから、その反論はあたらない。

ところで日本人はよく働くといわれる。先ほど国民あげて働いているといったが、働く人の割合が多いだけでなく、その人たちが一日に働いている時間も多いのである。一九九〇年代の平均でみると、日本の労働者が実際に働いている時間は一週間で四三・七時間であるが、ドイツは三八・三時間、フランスは三八・七時間で、アメリカでも四一・四時間である（ILO〈国際労働機関〉統計、残業を含む実労働時間）。これには勤勉な国民性もあろうが、労働生産性が低いから、人並みの生活をしようと思えば、余計に働かなければならないという事情もあることを忘れてはならない。

## 労働時間あたりの所得

さて肝心の幸福の定義である労働時間あたりの所得、つまり労働者が一時間働くとどれだけの賃金が得られるかという点を比較してみよう。日本の水準は一九九〇年代で八九・七であり、ドイツやフランスとの格差は労働生産性以上に大きくなる。なぜだろうか。企業は原材料を購入し、それを使って商品をつくる。その売り上げから原材料費や本社・工場の維持費を除いたものが、企業と労働者にとっての儲《もう》けである。労働者はその儲けの一部を賃金として受け取るわけだが、儲けのうち賃金に回された割合を「労働分配率」という。日本で労働者が一時間働いてつくるモノの量が、ドイツ・フランスの一〇〇に対して九二・三であったのが、一時間働いて得られる賃金で比較すると八九・七に下がってしまうのは、その労働分配率がドイツやフランスに比べて低いからである。日本の労働者は、その人が働いたことで得られた儲けのうち、より少ない割合しか受け取っていないのである。

労働生産性と並んで日本の労働分配率が低いことは、それだけ国民を幸福から遠ざけていることを意味する。これに対して「日本の労働分配率は高いのではないか」という意見をよく耳にする。先進国のなかで日本の労働分配率がこれまでずっと低かったことは間違いない事実であるが、一九九〇年代に入ってアメリカに対してだけは、日本の方が少し高くなった。しかしそれについては少し割り引いて考える必要がある。

実は国連基準による国民経済計算（GDP統計）では賃金と退職金を区別していない。だからこのところのリストラで増加している退職金の支払いが労働分配率を押し上げている面も多分にある。もう少し時間が経って、退職者の比率が落ち着いたところでアメリカと比較しないと、正確なところはわからない。また、ヨーロッパ諸国の労働分配率が上昇を続けるなかでアメリカだけは横ばいである。それもあって現在のアメリカでは貧富の差が拡大し、将来の社会問題を危惧する声がアメリカ国内でも聞かれる。そのアメリカとだけ比較して日本の労働分配率を云々するのはいかがなものであろうか。

ところでここまでの各国の比較は為替レートで換算したものである。経済規模などを比較する場合はそれでもよいが、国民の幸福度を比較する場合は、時間あたりの労働によって買うことができるモノの量を用いるべきだと前述した。そこで、ある国で買えるモノと同程度のモノが他の国でいくらしているかという基準で測った各国の通貨の価値、つまり「購買力平価」で労働時間あたりの所得を換算してみる。そうすると第8図（一七ページ）のように日本ははるか低水準に転落してしまう。日本の物価水準がかなり高く、いわゆる内外価格差が大きいからである。

購買力平価による一九九〇年代の労働時間あたりの所得は、ドイツ・フランスを一〇〇とすれば七二・一にすぎない。これに対してアメリカは一〇五・七である。ドイツやフランスの労働者が一〇〇時間働いて得られるのと同じ量のモノを買おうとするならば、日本の労働者は一三九時間働かねばならない。アメリカとの比較では一四七時間にもなる。GDPあるいは国民一人あたりGDPの目覚ましさに比べてあまりにもみじめではないだろうか。つまり、これまでの経済は国民を幸せにはできなかったようである。そしてその原因は、経済の効率の悪さ、賃金の低さおよび物価の高さからきている。

**幸福とは何か**

それでは幸福を「労働時間あたりの所得が多いこと」とした理由を述べよう。

まずここでは余暇のための時間が多いことを幸福と定義したい。それは人間としての幸福の基本は自由独立にあるとする市民革命以来の考え方に基づく。つまり他の誰からも独立しており、他の誰にも支配されていないことが、人間にとっての真の幸福であると考えるのである。働いている時間について考えてみると、自分の価値観ではなく、他人の価値観に合わせて行動せざるを得ないのだから、その時間は自由独立とはいえない。一日のうちから労働に費やす時間を除いた残りである余暇時間こそが、自由独立を享受できる時間である。したがって余暇時間が多いほど、人は幸福であるといえるのである。

これに対して、「自分にとっては、会社で仕事をしているときが最も幸福な瞬間だ」という人がいるかもしれない。しかし会社にとっては顧客の意向が重要なのだから、それは自由独立な時間とはいいがたい。だからその人のいう幸福は、ここでの幸福とは定義において異なる。つまり自由独立な時間であるかどうかは、顧客の有無による。例えば画家が画商に買ってもらうために絵を描く時間は労働時間であるが、その絵を特に売るつもりはなく、自分の創作意欲を満たすためだけに描いている時間は余暇時間である。

さて余暇時間の増加が幸福を増進するとして、次に、その余暇時間を確保するためには、一方で十分な収入が必要である。現在働いている時間では得られる収入が低く、生活できない場合には、収入を増やすために余暇時間を減らして、その時間を労働にあてなければならない。しかし労働時間あたりの賃金が増加すれば、余暇時間を減らす必要はそれだけ少なくなる。賃金の増加が大きければ、労働時間を減らして余暇時間を増やすことも可能になるだろう。つまりどれだけの余暇時間を持てるかは、労働時間あたりの賃金水準によって決まってくるのである。

それが幸福の定義を「労働時間あたりの所得が多いこと」とした理由であり、その観点からは、余暇時間をより多く生み出してくれる経済こそが人々にとって望ましいといえるが、余暇時間が多いことは、経済の効率性の観点からも望ましい結果をもたらす。なぜなら余暇時間においては、人々は自らの価値観にしたがって行動するから、余暇時間が多ければ国民生活はそれだけ多様化し、人々の消費行動も多様化する。経済の効率化は市場メカニズムによって達成されるが、市場メカニズムというものは、需要と供給のそれぞれが多様であるほど、より経済を効率化し得るという性質を持っているからである。

## 2　日本経済の問題点

前節でこれまでの日本経済は人々を必ずしも幸福にはしなかったことをみてきた。この節ではなぜそうなったのかを考えることとするが、それには「日本的経営」と呼ばれる日本企業の経営行動が深く関係している。日本的経営は一時期、優れた経営手法として欧米企業にとっても模範とされた。しかしわれわれはそうした評判に気をよくして、日本的経営が経済と社会にもたらした影の部分に目をつぶってきたのではないだろうか。人々の幸福という観点から国際比較を試みたのも、そうした疑問からである。そして一九九〇年代初頭以降の経済の停滞も、実は日本的経営の影の部分がここに来て表面化した結果である。

その日本的経営は、戦後の急速な人口増加と密接な関係を持っていた。もしあれほどの人口増加がなかったなら、日本的経営は生まれなかっただろう。そして戦後の経済と国民生活もかなり異なったものとなっていたに違いない。

## 日本的経営の誕生

これまでの経済を日本的経営を軸に検証しようとするのは、前節で示した日本経済の問題点、すなわち経済の効率性、賃金、物価のうち、経済の効率性と賃金については企業行動が直接関係する問題だからである（物価の問題も実は企業行動と多分に関係しているが、その点については第四章で取り上げる）。経済の効率性とは企業の生産が効率的かどうかの問題であり、賃金水準は企業内での賃金交渉によって決まる。つまり、これまでの日本経済が人々に幸福をもたらすものではなかったとすると、それには日本の企業行動のありようが深く関係しているということになる。しかしだからといって、人々が幸福でないのは企業の責任だといった短絡的な議論を展開するつもりはない。人間の行動様式が、生まれ育ちやその後のさまざまな環境のなかで形成されるように、企業行動もまた、その企業の成り立ちやその企業が置かれた環境によって大きく左右される。ここで考えたいのは、日本企業の行動様式つまりは日本的経営と呼ばれるわが国特有の企業行動がどのようにして生まれたのかということである。

日本企業の行動様式は、その多くが終身雇用・年功賃金制という独自の雇用形態に起因している。後述するように、日本の企業行動を特徴づける「売上高至上主義」も終身雇用・年功賃金制と密接な関係にある。ではなぜ日本の企業ではそうした雇用形態がとられたのだろうか。

実は終身雇用・年功賃金制が定着したのは、さほど古い話ではない。それは二つの法令が施行されたことによる。一九三九年(昭和一四年)の賃金統制令と、翌四〇年の従業者移動防止令である。当時の政府は、戦争遂行のためには賃金水準の上昇はマイナスであり、その原因は高い賃金を求めて労働者が企業間を移動することにあると考えた。従業者移動防止令は文字通り労働者の企業間移動を禁止するものであるが、賃金統制令は初任給を年齢別に公定した上で賃金を凍結する一方、年一回従業者全員を昇給させる場合は例外として認めるというものであった。つまりそれまで広汎に行われていた能力給を禁止し、年功賃金・定期昇給制を法令で定めたのである。国への滅私奉公を確保するためには「平等性」が必要と考えられたためである。

このように終身雇用・年功賃金制は基本的には戦時経済体制の必要から政府によってつくり出されたものである。そして終戦によって法令は廃止されたが、その制度自体は、戦争遂行から経済の拡大へと目的だけを変えて、そのまま戦後に引き継がれた。戦後の経済がその制度を必要としたからである。

戦争によって生産設備のかなりの部分が破壊された一方で、引揚者を含め急速に増加する人口を養わねばならなかった日本としては、生産増加のための設備投資を大幅に拡大する必要があった。その場合、企業が支払う賃金の総額が大きくなることは、設備投資の原資となるべき企業利益を縮小させる。だから賃金総額を抑制する必要があったが、そのためには終身雇用・年功賃金制はまことに好都合の制度だったのである。それは当時の若年層の多い人口構造と深く関係している。現在では全労働者のうち三〇歳未満の労働者は二七％程度であるが、連続した統計はないものの、当時は確実に過半数を占めていた。年功賃金制では若いときの賃金は低い。その若い労働者が多いのだから、年功賃金制とすれば、企業は賃金の支払総額を小さくすることができる。そしてそれに終身雇用制を加えれば、いずれは高い賃金になるという夢を持たせることができるから、当面は低い賃金で我慢してもらうことができるのである。

終身雇用・年功賃金制を必要としたいま一つの理由は、戦後の日本が大量生産によるスケールメリット(量産効果)を追求せざるを得なかったところにある。戦争によって日本は多くの植民地を失い資源小国に転落したが、加えてその時点では欧米各国とのあいだに大きな技術格差が存在した。日本は資源輸入のため輸出拡大を図るべく技術輸入に躍起となったが、輸入技術でできる製品は輸入相手国と同種の製品だから、価格が同じであれば国際競争力は獲得できない。同種・同価格の製品をあえて後進国の日本から買おうとする人はいないだろう。そこで日本は欧米を上回る大量生産体制をとることによって低価格を実現しようとした。これならば必ずしも独自の技術開発を行わなくとも、つまり基本的な技術は同じでも、国際競争力は獲得できる。少し安易な方法ではあるが、それによって輸出を拡大し、資源の輸入を確保しようとしたのである。賃金の抑制も低価格の実現に大いに寄与したことはいうまでもない。

しかし大量生産方式は確かにコスト削減の有力な手段ではあるが、労働者に単純労働を強いるものであるだけに、勤労意欲の維持、さらにいえば企業への忠誠心の確保が重要な課題となる。終身雇用・年功賃金制は、その忠誠心を確保するためにも必要だったのである。なぜならその制度のもとでは、企業が存続する限り生涯の雇用が保証され、かつ勤続年数が長くなるほど賃金が高くなる。もし企業が倒産すれば、転職してもそれまでの勤続年数つまり年功を失うという不利益を被る。だから労働者にとって、企業はいわば運命共同体となるのであり、それが勤労意欲と企業への忠誠心につながる。イギリスで生まれ、アメリカで開花した大量生産方式が、実は非西欧文化圏の日本で最も有効に機能したことについては、終身雇用・年功賃金制による労働者の忠誠心の高さに負うところが大きい。

そして企業が運命共同体となったことが、社内のコミュニケーション（意思疎通）に要するコストを引き下げ、欧米企業に対する日本企業の優位性を高めることにもなった。余談になるが、欧米におけるＩＴ（情報技術）の進展は、日本的経営の研究に端を発している。欧米企業は、日本企業ではコミュニケーションが円滑に行われていることに加え、コミュニケーションのためのコストも低く、それが生産管理や組織的営業活動のコスト面で威力を発揮しているとみたのである（米国ＩＢＭ調査）。それはそうだろう。日本においては、人々は基本的には一つの企業で働き続ける。そして幹部・経営者は勤続労働者のなかから輩出する。いわばずっと同じ釜のメシを食い続けているわけで、個々人の価値観も類似し、ほとんどの社内伝達については多くの言葉を要しない。「あうんの呼吸」や「ロコミ」で大抵のことは通じる。つまり、ほとんど紙はいらない。これに対して欧米企業では、労働者の企業間移動が激しく、新参者も多い。したがって労働者の価値観や行動様式はそれぞれにかなり異なる。勢い社内伝達には全て紙を使い、しかも目的、前提から詳細な行動基準に至るまで多くのことを書き込むから紙の量は増える。それをまた必要な全ての部署に配布しなければならないから、随分とコストと時間がかかる。そこで彼らはＩＴを考えた。現在のＩＴの発展の端緒は、日本的経営に対抗すべく、欧米企業なりに社内のコミュニケーションの向上とそれに要するコストの削減方法を模索したところにある。逆にいうと、だから日本ではＩＴの発達が遅れた。その必要性が低かったのである。

戦後の日本は高度経済成長を経て経済大国にまで発展したが、その最大の要因は、高い勤労意欲の確保と賃金の抑制といういわば相反する困難な命題を、終身雇用・年功賃金制を基盤とする日本的経営が二つながら達成し得たところにあった。前節で、これまでの経済が人々を幸福にしなかった原因の一つとして賃金水準の低さを挙げたが、日本的経営と賃金の抑制とは、当初から密接不可分に結びついていた。欧米各国に比較して日本の賃金水準が低い原因については設備投資の大きさと技術水準の相対的な劣位に求められるが、その低賃金を実現するシステムとして機能したのが日本的経営だったのである。

## 日本的経営の基盤

しかしいかに経済が低賃金と企業への忠誠心を必要としていたとしても、もし日本の社会が当時の欧米社会と同様な人口構造であったとしたら、終身雇用・年功賃金制を基軸とする日本的経営は生まれなかっただろう。なぜなら終身雇用・年功賃金制が成立し、それが低賃金と企業への忠誠心を生むには、労働者の新規採用数が年々増加しなければならないからである。

企業組織は、ポストが上になるほど人数が少なくなるピラミッド構造をなしている。そして基本的にはそのピラミッドの階層を上に登ることで、つまり昇進することで給料が上がる仕組みをとる。だから年功賃金制であるためには、昇進も年功によって行われる必要があるが、同時に終身雇用制でもあるということは、昇進速度の差はあっても、労働者全員を年功によって昇進させなければならないことを意味する。そしてそのためには上位のポストが継続的に増加する必要があるが、それはピラミッドが継続的に大きくなることで初めて可能となる。だからピラミッドの底辺つまり新規採用数が継続的に増加しなければ、年功賃金制と終身雇用制は両立しないのである。

もちろん昇進は年功によらず能力のみによる選抜とし、賃金上昇のうち年功による部分を小さくすれば、必ずしもピラミッドを継続的に大きくする必要はない。しかしそれは能力給の要素を強くすることだから、そうした賃金体系では、能力のある人は転職を指向するかもしれない。それでは企業への忠誠心を生む運命共同体は形成されない。また若年層を低賃金とすることも難しくなる。だから終身雇用・年功賃金制にそうした効果を期待するのであれば、ピラミッドは年々大きくせざるを得ないのである。

そうした終身雇用・年功賃金制が全ての企業で可能であるためには、国全体としての年齢別人口構造も、各企業における労働者の年齢別構成と同様、ピラミッド構造である必要がある。そこで終戦直後の各国の人口構造を第9図で比較してみた。日本のそれはきれいなピラミッド構造であり、しかも下方に向かって広がりが大きくなる富士山のような形をしている。終身雇用・年功賃金制にはうってつけの人口構造である。それに対して欧米各国のそれは押し並べてたまねぎ型であって、そうした人口構造では、日本のような終身雇用・年功賃金制を多くの企業で採用することはできない。日本的経営は戦後経済が必要としたものではあるが、それは人口増加社会でなければ生まれ得なかったのである。

現在の日本の人口構造は、〇～四歳と三〇～三四歳の人口を除き、第9図のフランスとほぼ同様の形に変化している。近年、終身雇用・年功賃金制が崩壊しつつあるといわれるが、それは人口構造の変化の必然的な結果である。実際、企業においては一九七〇年代後半頃から新規採用数の増加率が減少し始めており、以後年を追うごとに、新規採用者の確保が困難

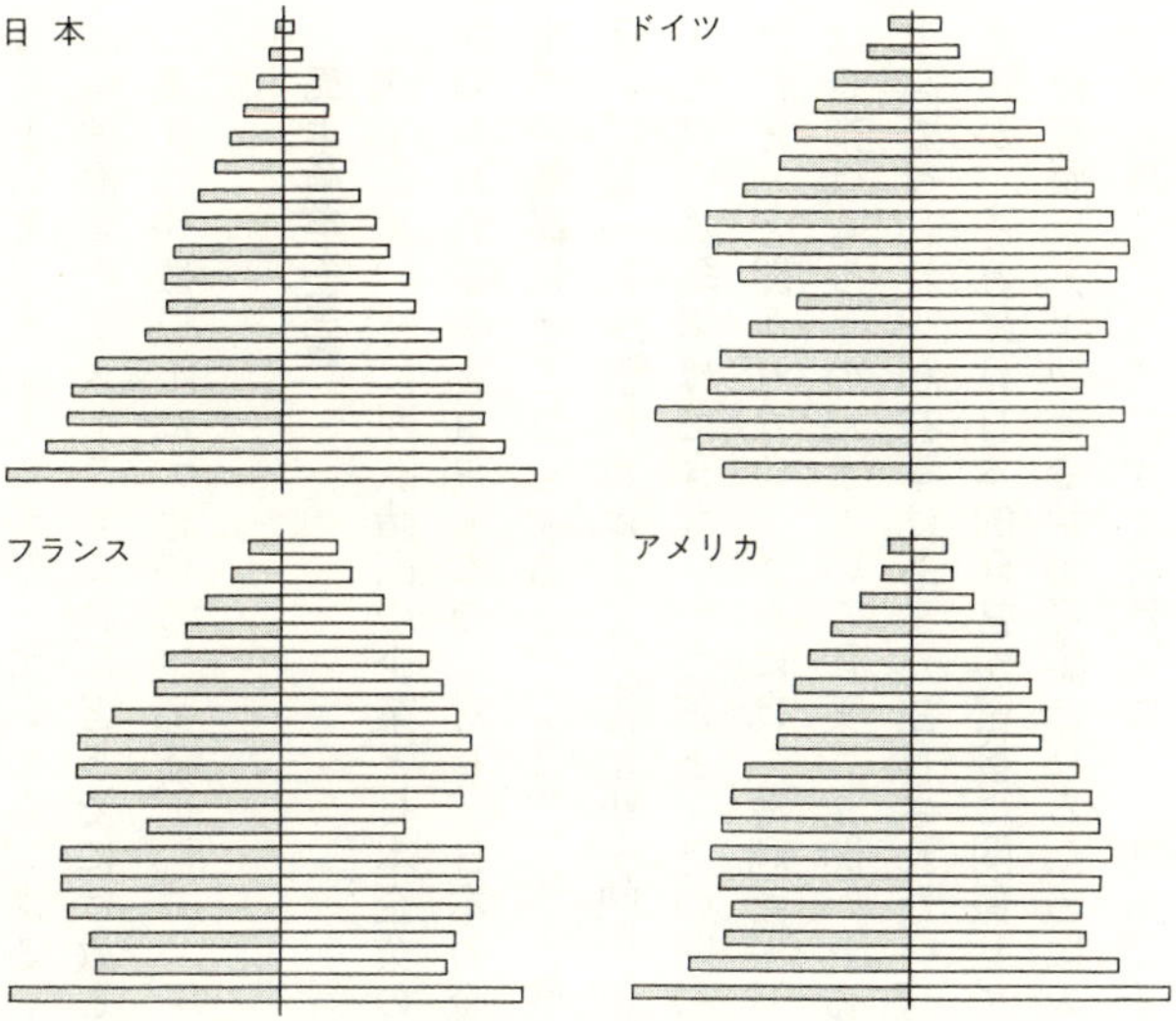


**第9図**　1950年の年齢階級別人口比率（国連人口統計より作成）.

になってきている。

もちろん、終身雇用・年功賃金制の崩壊は、企業による賃金コスト削減のための意図的な面も大きい。かつて日本企業は、将来は給料が大いに上がるのだからと、若い労働者に低い給料でも我慢するように説いてきた。いまではその頃の若い労働者は、高い給料をもらう年齢となった。一方、新規採用者数は年々減少している。かつては賃金の支払総額を抑制してきた年功賃金制がいまは裏目に出て、かえって賃金総額が膨張する方向に働くようになった。それが企業を中高年労働者のリストラに向かわせている。もし高度成長期に正確な人口予測がなされ、終身雇用・年功賃金制は永続するものではないということを人々が知っていたら、あるいは日本の賃金体系も違ったものとなって、中高年労働者のリストラもこれほどまでには激しくならなかったかもしれない。人口予測の持つ責任は想像以上に大きいのである。

## 売上高至上主義

欧米企業、特に西欧諸国の企業と日本企業の経営姿勢を比べてみると、西欧諸国の企業はおおむね利益率を重視するのに対し、日本の企業は売上高を極端に重視する傾向がある。日本の企業経営者と話をすると、「今年は売上高が〇〇%伸びた。しかし同業他社に比べると低い。もっと頑張らねば」「今年は売上高が前年比でマイナスになってしまった。こんな不況では企業経営はできない」などと、その関心は売上高に集中しており、利益率に関する話はほとんど聞かれない。さらには「薄利でも、場合によっては赤字でも、商品が動いていれば企業はもつものだ」という言葉さえ聞かれる。新聞や雑誌の企業ランキングももっぱら売上高で行われ、利益率はあまり注目されない。日本企業全体に通じる「売上高至上主義」であるが、それには日本的経営が密接に関係している。

終身雇用・年功賃金制が可能となるために人口構造と並んで必要なことは、企業の売り上げが右肩上がりで拡大を続けることである。そうでなければ前述した企業組織たるピラミッドを継続的に拡大することはできない。企業の売上高が年々増加して工場を拡張したり新設したりできるような状態でなければ、新規採用者を毎年増加させられないし、また勤続労働者を昇進させるための上位ポストも増やせない。そしてそのことが日本企業の主たる経営目標を売上高の拡大に向かわせ、さらには労働者をも自発的な売上高の拡大行動に駆り立てた。労働者にとっても、企業規模が拡大すればするほど、自分が昇進すべき上位ポストが増加する。だから自分自身のためにも売上高の増進に邁進《まいしん》するようになる。終身雇用・年功賃金を制度的基盤とする日本的経営にとって、売上高至上主義はいわば必然的なものといえるのである。

　では企業が売上高を極端に重視するようになると、利益率を重視する企業とは、企業行動のどこがどのように違ってくるのだろうか。違いの一つは設備投資の投資判断においてあらわれる。具体的な例で説明しよう。いま投資機会いわばビジネス・チャンスが四つあり、毎年得られる利益はそれぞれ五％、四％、三％、二％であって、銀行から資金を借り入れる場合の金利が三・五％であったとする。この場合利益率を重視する企業であれば、五％の投資機会あるいは五％と四％の投資機会を実行に移すことはあっても、三％の投資機会には手を出さないだろう。三％ではその投資自体は赤字であり、五％と四％の投資から得られる利益を減少させる役割しか果たさないからである。しかし売上高を重視する場合は、三％の投資機会どころか、二%の投資機会ですら実行に移すことがある。四つの投資機会を全て実行してもトータルの利益率は三・五%であり、企業としての利益はゼロだが、売り上げはそれだけ拡大する。売上高を重視する企業にとっては売り上げは大きければ大きいほどよいのだから、個別には赤字の投資機会であろうと、企業全体として赤字にならない限り、積極的に自分の企業に取り込もうとすることは十分あり得る。

しかしそれは結果として労働生産性を引き下げる。それぞれの投資機会の利益率を決める最も大きな要素は人件費であろう。利益率が低い投資機会は人手がそれだけ余計にかかる、つまり労働者一人あたりの生産量すなわち労働生産性が低い。だからそうした低い利益率の投資機会を取り込むほど、企業全体としての労働生産性は低下する。

前節で日本の労働生産性はドイツやフランスに比べて低いといったが、その主要な原因の一つはここにある。欧米企業、特に西欧諸国の企業は日本企業に比べてはるかに利益率を重視する。そうした経営姿勢の違いが各企業の投資判断の違いとなってあらわれ、各企業の労働生産性を左右し、ひいては国全体としての労働生産性の水準を左右することとなる。そして前節では、日本は労働生産性が低いから、人々は余計に働かなければならないとも述べた。つまり、労働生産性は人々の幸福の基盤である余暇時間を左右する。人々が必ずしも幸福でなかったことには日本企業の売上高至上主義が大いに関係しているのである。

さらに売上高至上主義は経済以外の面においても弊害をもたらした。その一つとして、日本の外交に与えた影響について述べておきたい。それは売上高至上主義によって、アジア諸国をはじめとする中進国、途上国にとっての日本の存在価値が小さなものとなっていることである。その要因の一つは日本の輸入市場が今なお閉鎖的であることに求められるが、その輸入市場の閉鎖性に売上高至上主義が大きく関与している。

なぜなら日本の全ての企業の売上高が年々増加するためには、市場もそれに合わせて拡大していかねばならない。だから人口増加の大きい国内市場は貴重な金城湯池である。そのため日本は、国際収支の黒字が定着し、輸入制限の必要がなくなった後も、関税・非関税障壁を設けて市場を半ば閉ざし続けた。もし先進国になった段階で市場を開放し、結果として相手国の経済発展に寄与していたとすれば、他の国々にとっての日本の存在価値は大きなものとなり、対中進国・途上国外交はより有利な展開をみせていたであろう。あるいは日本が最大の供与国であるＯＤＡ（政府開発援助）にしても、それによって建設される施設の工事を受注するのは日本の企業という「ひも付き援助」が多い。これでは途上国における日本の存在価値が大きくならないのも当然といえる。

加えて輸入市場の閉鎖性は、対先進国外交の面でも障害となっている。輸出入のアンバランスを理由とする、いわゆるジャパン・バッシングである。それについては日本企業の猛烈な売り込みに対する反発や日本市場に対する理解の不足といった面もあるが、基本は日本の輸入市場の閉鎖性についての不満であろう。外交の基本はギブ・アンド・テイクにあり、相手国にとって重要な顧客となれば、経済関係を含め日本の外交上の地位を相対的に高めることにもなるという認識も必要である。

日本企業の売上高至上主義もあって、戦後の日本経済は急速に拡大した。それが日本国民にさまざまな恩恵をもたらしたことは否定しない。しかしわれわれは、先ほどの労働生産性やこうした外交上の弊害などの影の部分にもしっかりと目を向けるべきであろう。

### 金融システムの問題点

では欧米企業はなぜ利益率を重視するのか。その理由の一つは彼らの資金調達方式にある。欧米企業では設備投資のための資金を主として株式によって調達している。日本の企業では、外部からの資金調達のうち約八割が銀行からの借り入れで、株式による資金調達は九％強にすぎない（残りは債券発行による調達）が、例えばフランスの企業では、逆に銀行借入は一六％ほどで、株式による資金調達が約八割を占めている。

株式による資金調達というのは大衆投資家相手だからなかなか難しく、高い配当を出せばお金は集まるが、少し配当率が悪くなると、投資家は途端によそに行ってしまう。つまりその企業の株式を売って、もっと高い配当を出してくれる企業に乗り換えてしまうのである（欧米各国の株式市場では、株価は主として利益率によって決まるから、売買差額で儲けようと思っている人の場合も同様である）。したがって利益率が下がって低い配当しか出せないということになると、企業活動のための資金調達そのものが困難になる。それでは企業は倒産するしかない。だから利益率が重要なのである。

これに対して、日本の企業が利益率をあまり気にしないのは、利益率を重視しなくても資金調達に困ることはないからである。株式においては利益率が高いとそれだけ配当率が高くなるが、銀行の貸出金利は主として企業の倒産などのリスクの程度によって決まり、リスクの低い企業ほど貸出金利も低くなる。利益率が高ければ倒産のリスクが低くなるとは必ずしもいえないが、少なくとも利益率が高いからといって貸出金利が高くなるわけではなく、むしろ低くなる場合の方が多い。加えて日本の銀行もまた生産企業と同じく、自らの企業規模の拡大に熱心であるから、銀行にとっては貸付先の利益率が上がることよりも、その貸付先の設備投資や売上高が大きくなって、自分の銀行の貸付残高や預金量がより大きくなる方がずっとありがたい。だから日本の企業は利益率を重視しなくても資金調達に困ることはなく、むしろ銀行の方が企業に売り上げの拡大を勧めるといった傾向すらみられる。

日本でも戦前においては株式による資金調達が六割以上を占め、欧米諸国と類似した金融構造であった。銀行借入が大半を占めるようになったのは、戦後、政府が「傾斜金融方式」とも呼ぶべき銀行優位の金融システムを構築してからである。当時の政府は鉄鋼、造船、石炭、化学といった大規模装置型産業をもって日本の経済発展の牽引車にしようと考えた。しかしそれらの産業は膨大な設備投資資金を必要とする。そこで、国内の資金をそれらの特定の産業に集中させるため、国民に銀行預金を呼びかけ、その銀行の融資を政府が指導するというシステムをつくり上げた。その後、石炭と造船は構造不況業種となり、化学は予定したほどには発展せず、鉄鋼は一九七〇年代末にはおおむね発展を終えた。しかしその金融システムだけは、護送船団方式という名で、つい最近まで残った。

もし戦後の金融システムが株式・債券市場を中核としたものであったなら、日本企業はこれほどまでに売上高の拡大を続けられただろうか。その意味で、日本企業の売上高至上主義については、企業の組織面からの必然性に加え、戦後の銀行優位の金融システムがそれを可能とし、かつそれを加速したと考えられる。そして同時にその金融システムは、企業倒産を相対的に少なくすることで、終身雇用・年功賃金制を側面から支えた。多くの企業が安定的に成長したからこそ、終身雇用・年功賃金制が定着したのであって、それは一つには、銀行が中長期的視点から、不況期や一時的な経営困難においても融資を引き揚げることをしなかったからである。つまり日本的経営と銀行優位の金融制度は密接に結びついていた。だから売上高至上主義という日本企業の経営姿勢が人々を幸せにしなかった主要な原因の一つであると前述したが、それには銀行も少なからず関係している。もちろん銀行という存在そのものが問題だというのではない。銀行自身が自らの貸付残高なり預金量といった企業としての規模を重視する場合には、そうした弊害が大きくなるという意味である。ちなみに貸付規模や預金規模で銀行をランクづけしているのは日本ぐらいのものである。

## 景気停滞の原因

日本的経営は、一九九〇年代初頭以降の景気の停滞にも深く関係している。売上高至上主義が、日本の労働生産性を相対的に低いものとしていることはすでに述べたが、労働生産性は経済成長とも密接な関係がある。経済の成長とは基本的に生産能力が拡大することであるから、労働者が一時間の労働でつくることのできるモノの量が増加すれば、すなわち労働生産性が上昇すれば、それだけ経済成長率は高くなるのである。だから同じ量の設備投資であっても、それが労働生産性の高い投資機会に対してなされた場合と低い投資機会に対してなされた場合とでは、経済成長に対する効果は違ってくる。労働生産性の低い投資機会いわば利益率の低いビジネス・チャンスに対する設備投資は、低い経済成長率しか実現できないのである。

そこで日本における過去の設備投資がどの程度労働生産性を引き上げる効果を持っていたかについて、欧米各国と比較してみよう。この場合、設備投費の量は労働時間あたりの機械設備の総量がどれだけ増加したかで測ることとする。労働生産性が労働時間あたりの生産量なのだから、設備投資の効果だけをみるには、機械設備の総量も労働時間あたりとする必要があるからである。計算結果を第10図に示した。縦軸でみて一・〇であれば、労働時間あたりの機械設備の総量を一％増加させる設備投資によって労働生産性が一％上昇したことを示す。だからその数字が大きいほど労働生産性を上昇させる効果が大きかった、つまり効率的な設備投資が行われていたことになる。

図から、日本の設備投資は、一九七〇年代前半からドイツやフランスに比べて効率性が低下していたことがわかる。一九九〇年代に入ると、アメリカを含めて各国が急速に上昇する一方で、日本はきわめてわずかな上昇にとどまっており、設備投資の効率性に大きな格差が生じている。なお一九八〇年代後半のいわゆるバブル期には一時的な盛り上がりがみられるが、それは例えば高額商品から先に売れるといった水膨れ的な生産高の増加による面が強く、本質的なものとはいえない。図でいえば、一九八四年頃と一九九四年頃のところを直線で結び、山を除いてからみる方が実力に近いといえるだろう（同様にドイツも東西ドイツ併合という特殊事情があることを考えれば、谷を除いて考えた方がよい）。

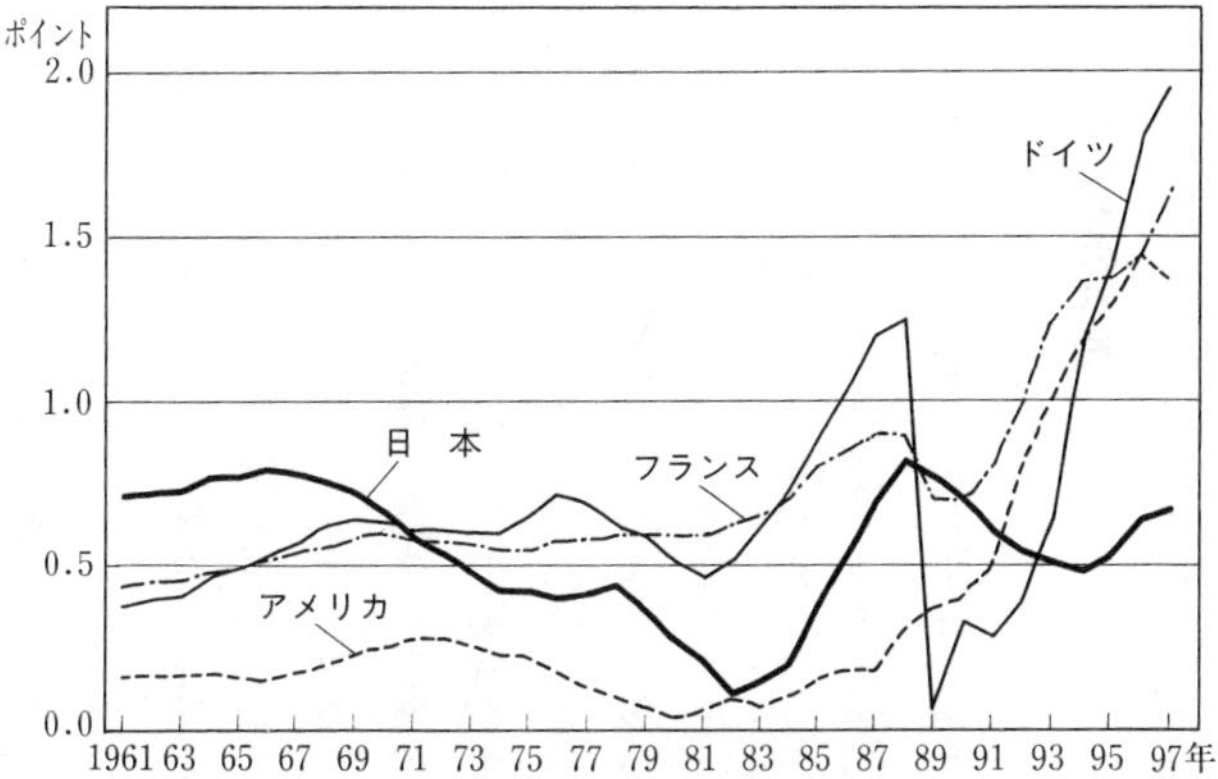


**第10図**　設備投資の効率性の各国比較．労働生産性上昇率÷労働時間あたり資本ストックの増加率，5期移動平均．資本ストックは松谷の推計，労働時間は ILO:Bulletin of Labour Statistics による．

この図をみれば、なぜ日本経済が停滞しているのかは、おのずから明らかであろう。全体として設備投資の効率性にこれだけの差があるのだから、当然ともいえる。そして日本の設備投資の非効率性には、日本企業の売上高至上主義だけではなく、日本の技術水準の問題も関係している。近年、日本と欧米各国との技術開発力には明らかに格差がみられるようになった。つまり欧米各国に比べて、日本には労働生産性の高い投資機会を生み出す力が不足しており、労働生産性の高い投資機会が日本には相対的に少ないことが、全体として設備投資の効率性の差につながっているとも考えられる。そのような技術開発力の格差がなぜ生じたかについては、賃金上昇の不足との関連で後述するとして、ここでは近年における経営多角化の動きもまた、労働生産性の低い設備投資を加速している面があることを指摘しておきたい。

経営多角化は多くの場合、本業が思わしくなくなってきたから異業種にも進出して、企業としての売上高の減少を阻止しようというものだが、生産というものは機械さえ導入すればよいというものではない。その機械を効率よく動かすために、加工・組立工程についてはもちろんのこと、原材料の調達から出荷に至るまで、実にさまざまなノウハウを必要とする。そしてそのノウハウは多くの場合、生産現場における試行錯誤から生まれる。だから異業種に進出した場合は、そうした経験を持たないことから、その業種を本業とする企業に比べて生産は非効率なものとなることが多い。同種の設備投資であっても、それを行う企業によっては低い労働生産性しか実現できないこともあるのである。

もちろん新たな企業の進出は、それが刺激となって既存企業の効率性を向上させることもある。だから一概に経営多角化が問題だとはいえないが、経営多角化が日本全体として設備投資の効率性を相対的に低下させている面もあることは十分に認識しておく必要がある。

### 賃金上昇の不足

次に一九七〇年代後半以降、日本経済においては賃金の上昇が不足していたこと、そしてそれが一九九〇年代の景気停滞のもう一つの要因となったことについて述べよう。

賃金の上昇が経済全体のバランスからみて適切であるかどうかは、労働生産性の上昇との対比によって判断することができる。もし賃金の上昇率が労働生産性の上昇率を下回っていると、GDPに占める消費の比率が低下するか、あるいは経済が収縮方向に向かう、つまり不況になる。なぜかというと、労働生産性が上昇したということは、労働者数が変わらなければ、日本全体の生産量が労働生産性の上昇率と同じ割合で増加するということである。しかし一方、消費は生産量の増加率ほどには増加しない。消費がどれだけ増加するかは、基本的には賃金の上昇率にかかっているからである。その結果、需要が供給を下回ることになるが、もしここでもう一つの需要である設備投資がその分だけ拡大すれば需給は一致する。ただしその場合GDPに占める消費の比率は低下することになる。しかしもし設備投資がそこまで拡大しなければどうなるか。経済は需要が供給を下回る状態が続き、企業には在庫が積み上がることになる。当然企業は翌期の生産量を落とすだろう。それによって経済は収縮方向へ向かうのである。

したがって賃金上昇率が労働生産性上昇率を下回る場合は、賃金が適切に上昇していない、つまり賃金の上昇が不足しているといえる。もっとも、経済が収縮する場合はともかく、消費比率が低下する場合についても賃金上昇が不足しているとすることには、意見が分かれるかもしれない。設備投資が大きいということは、経済が拡大するということであり、いいことではないかという意見もあるだろう。しかし前節で人々の幸福には労働分配率が深く関係していると述べた。賃金の上昇が労働生産性の上昇を下回るということは、労働分配率が低下するということである。だからここでは、消費比率が低下する場合も、賃金上昇が不足しているものとして話を進めよう。

第11図で、各国の賃金上昇の程度を、労働生産性の上昇に対する賃金の追随率によって比較してみた。賃金の上昇率は物価上昇を差し引いた実質賃金の上昇率とし、それが労働生産性上昇率に等しければ一〇〇%、つまり賃金上昇は不足していないと考える。もっとも賃金は企業と労働組合の交渉で決まるから、常に一〇〇%でなければ賃金上昇の不足であるとはいえない。おおよそ五〇～一五〇%のあいだで変動していれば、全体として不足のない賃金上昇率が維持されていると考えてよいだろう。

図から、欧米各国に比べて日本における賃金上昇は、ほぼ全期間にわたって、かなり低いことがわかる。なかでも一九七〇年代後半～一九八〇年代後半と一九九〇年代後半では賃金上昇が明らかに不足しており、特に一九八〇年代の半ば頃は賃金が全く上昇していない。なぜ日本がそうした賃金の動きとなったかについては、その時々の経済情勢の変化に対応して、労働者の企業に対する忠誠心が働いた結果であると考えられるが、その点については次項で

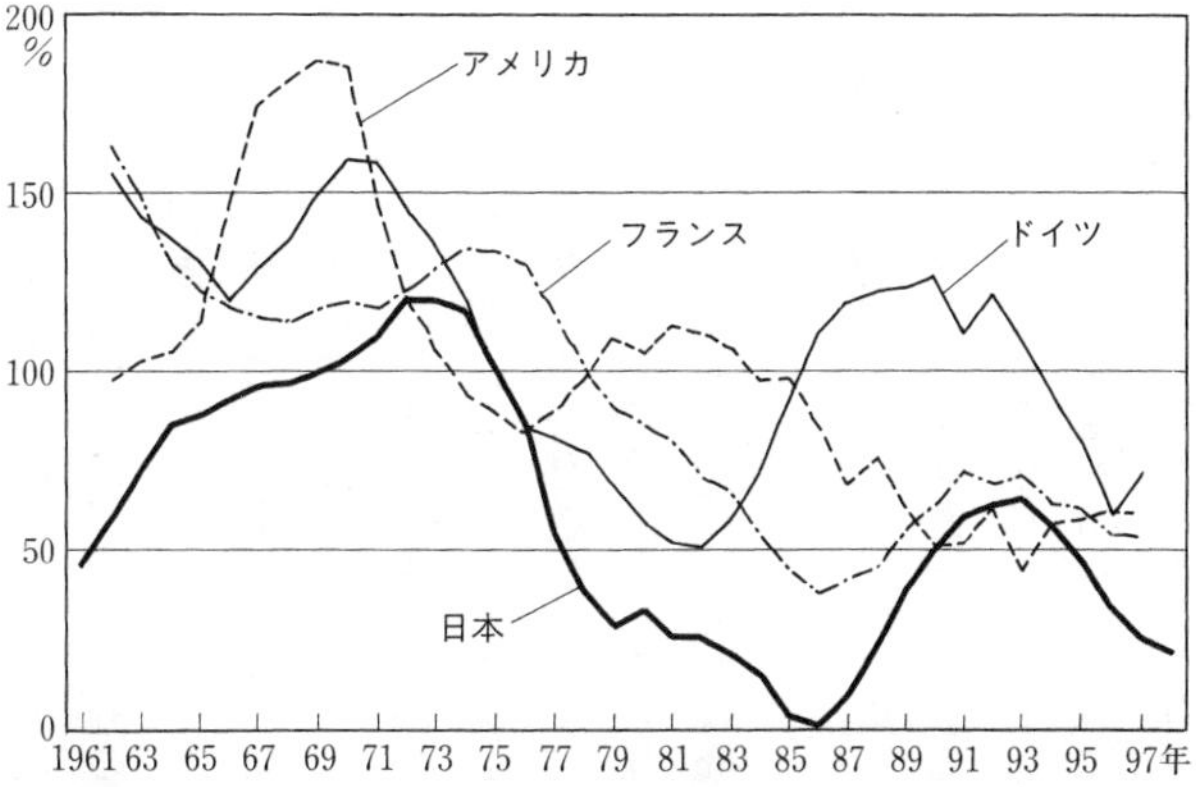


**第11図**　労働生産性の上昇に対する賃金の追随率．労働時間あたり実質賃金上昇率÷労働生産性上昇率，３期移動平均．実質賃金は雇用者所得を民間消費デフレーターで実質化．

詳しく述べるとして、その前にこの図から一九九〇年代以降の景気停滞の原因を考えてみよう。

日本経済における消費の対ＧＤＰ比率は、一九七〇年代半ばを境に、それまでの上昇傾向から明確に下降に転じ、一九九〇年代初頭まで下降を続けた後、再び上昇に転じている。この事実と図の追随率とをあわせて考えると、一九七〇年代半ば〜一九九〇年代初頭は、賃金追随率と消費比率がともに低下しているのだから、先ほど述べた賃金上昇の不足による消費比率の低下という一つ目のメカニズムが、この時期には働いていたことがわかる。しかし一九九〇年代初頭以降は、賃金追随率と消費比率が逆の動きとなっている。ただし消費動向それ自体は低調なものだったのだから、その消費比率の上昇は消費自体が大きく増加したことによるものではない。ということは一九九〇年代初頭以降は、賃金上昇の不足によって経済が収縮方向に向かうという二つ目のメカニズムが働いているということになる。設備投資が消費の低落をカバーできず、経済全体として供給超過の状態が続いているのであり、消費比率の上昇はGDPの伸び率が消費の伸び率を下回った結果なのである。

したがって、一九九〇年代以降の景気停滞の原因の一つは賃金の上昇率が労働生産性の上昇率を下回っている、つまり賃金上昇が不足していることにあると考えられる。事実バブル崩壊後、企業はその存続をかけて、賃金支払総額の抑制などのコスト削減に努めている。しかしその企業行動が結果として景気停滞を長引かせている。賃金上昇が不足すれば、経済には収縮に向かう力が働く。それは経済自身が持つメカニズムなのである。

## 技術開発の遅れ

現在の日本の企業が置かれている状況を理解しないわけではない。しかし賃金の上昇を抑制することは、経済全体からみれば適切な対応とはいえない。技術開発を進め、労働生産性の高い投資機会を生み出し、それに対する設備投資を展開するといういわば前向きの対応によって、企業収支の改善を図るべきであろう。しかしその場合も、前述した技術開発力の低下という問題がある。日本の技術開発力が欧米とのあいだに格差を生じている原因もまた、賃金上昇の不足にあったと考えられる。

一九七〇年代後半からの追随率の大幅な落ち込みは、日本が石油ショックに対してとった対応と密接な関係がある。日本は石油価格の急騰に対して、労働力を活用する一方、賃金の上昇を抑えて事態を乗り切ろうと考えた。石油価格の上昇は機械設備を動かすためのコストを上昇させる。そこで、なるべく機械を使わないことにして、その分はいわば手作業で対応することとし、加えて賃金上昇を抑制すれば、全体としての生産コストの上昇を抑えられると考えたわけである。そして賃金上昇が人為的に抑制された。第11図で一九八〇年代後半には追随率がゼロになっていると前述したが、この時期の労働生産性上昇率は三〜四%とかなり高かった。それにもかかわらず賃金は横ばいだったわけであり、常識的に考えて異常である。賃金が人為的に抑制されたとしか考えられない。

しかし、石油ショックに対する日本の対応は、表面的には一九八〇年代を通じて功を奏した。日本経済はインフレと高失業率に悩む欧米各国を尻目に拡大を続け、二一世紀は日本の時代ともいわれた。だが、それが落とし穴だった。安定成長への移行に伴い、日本経済はかつてほどの設備投資の増加を必要としなくなっていた。一方、賃金上昇の抑制は内部留保を増加させ、企業には大量の余裕資金が生まれた。それが土地や株式に向かったのがバブル発生の基本的な要因である。

そして賃金上昇の抑制はさらに大きな問題を生んだ。技術開発の遅れである。

この点を同時期の欧米各国における状況と対比して考えてみよう。欧米各国でも労働生産性上昇に対する賃金上昇の追随率は低下したものの、日本ほどには低下しなかった。そのため、石油価格と賃金の上昇という二つながらのコストの上昇に直面した欧米各国は、手作業による対応ではなく、機械設備そのものの効率性を引き上げることを考えた。しかしそれには多くの技術開発を必要とする。また時間もかかる。だから欧米各国の企業にとっての一九八〇年代は、新技術への模索の時代となった。当然、生産は停滞する。手作業による対応と賃金抑制という比較的容易で時間もさほど要しない方法をとった日本に比較して、欧米各国の経済が停滞したのはそのためである。

しかし技術革新に邁進した欧米各国と労働力を活用した日本との石油ショックへの対応の違いは、一九九〇年代における技術水準の差となってあらわれた。欧米各国との技術格差については、その原因を日本人における独創性の不足に求め、教育の問題だとする意見もある。確かにそうした面もないではないが、一九八〇年代における企業行動の差が明暗を分けたと考えられる。必要は発明の母である。賃金の上昇は企業の利益を圧迫し、利益率を引き下げるから、企業は利益率をなんとか回復させようとし、それが技術開発の原動力になる。人為的な賃金抑制は技術開発を遅らせるのである。

この場合、技術開発には大きく分けて労働力を節約するような技術開発と新製品を生み出す技術開発があるが、重要なのは労働力を節約する技術開発である。なぜかというと、新製品は発売当初は価格を高く設定できるから大きな利益を生むが、やがて後発企業や後発国が追い付いてくるに従い価格が低下して、その技術開発がもたらす利益は急速に減少してしまう。これに対して労働力を節約する技術開発は永続的に労働生産性を引き上げ、経済そのものを効率化する。経済成長率についていえば、新製品の技術開発による成長率の上昇は短期的なものにとどまるが、労働力を節約する技術開発は中長期的に成長率を引き上げるのである。

現在の日本における技術開発をみると、新製品の技術開発に片寄っていて、労働節約的な技術開発は相対的に少ないように思われる。この点については、工場のロボット化の進展など労働節約的な技術開発も盛んではないかとの反論も予想される。しかし日本経済全体としてみた場合はどうであろう。最終組立工場だけでなく、下請けから流通に至るまでの全工程で労働節約的な技術開発が盛んだろうか。また農業からサービス業に至る各産業分野における技術開発はどうであろう。第10図（四三ページ）における日本と欧米諸国との労働生産性の格差は、そうした技術開発が進んでいないことの証拠である。

## 賃金を抑制できた理由

それではなぜ、日本は欧米各国と違って、賃金上昇を抑制できたのか。石油ショックによって苦境に陥った企業は労働組合に協力を要請し、労働組合も賃金上昇の抑制に同意した。また企業は政府にも協力を要請し、政府は賃金上昇が物価上昇の元凶であるとの見解を示し、賃金上昇の抑制が企業のためばかりではなく国民自身のためにもなることだとして、企業の要請に応えた。加えて臨時行政調査会（臨調）による三公社の民営化も、労働運動の中核であった官公労を弱体化させることで、賃金抑制に一定の役割を果たした。これが賃金抑制のプロセスであるが、なぜそのプロセスが功を奏したのだろう。

その理由は終身雇用・年功賃金制に基づく労働者の企業への強い忠誠心に求められる。企業の存続、拡大は経営者・幹部と労働者の共通の目標なのである。前述したように、会社が倒産した場合は、それまで積み上げてきた「年功」は消えてしまう。他に就職口が見つかっても、一から年功の積み重ねである。だから労働者は経営者と同様に倒産を恐れる。したがって会社の存続のためには賃金上昇の不足も甘受することになるのである。日本では労働組合は企業別につくられているから、労働組合もまた基本的には考え方は企業と同じである。企業が倒産すれば、労働組合も崩壊する。だからこそ労働組合も企業の賃金抑制の要請に同意したのであろう。これに対して欧米各国では産業別、職能別に労働組合がつくられている。賃金の上昇率が日本ほど低下しなかったのは、その点が大きくかかわっている。

そして同様の賃金抑制が一九九〇年代にも再び行われた。バブル崩壊によって、かなりの企業は存続にかかわる状態に追い込まれ、不良債権や資産価値の下落によるマイナスを利益でカバーしなければ会社は持たないということが経営者・幹部だけでなく、労働者を含めた社内の共通理解になった。だから今度はごく自然に賃金の抑制が合意された。日本的経営なればこそである。

**誤った選択**

日本的経営によって戦後の疲弊した経済が回復・発展し、国民にさまざまな恩恵をもたらしたことを否定するわけではない。第四章で指摘するように、一九七〇年代の前半までは、確かに日本経済はその規模の拡大に見合うかたちで国民生活を向上させてきた。問題は石油ショック以降である。日本経済はそれ以降、必ずしも国民に幸福をもたらすものではなくなった。

すでにみたように、その最大の要因は賃金水準が人為的に決定されたことにある。それまで経済の拡大と国民生活の向上が見合っていたのは、賃金水準の決定にそれなりに市場メカニズムが働いていたからである。労働市場は、生産物市場、金融市場、対外市場と並んで、経済の効率化をつかさどる重要な市場である。労働市場の機能不全によって、四つのエンジンのうちの一つが停止したジャンボ機に等しく、日本経済は最適な航路をとれなくなった。それが一九九〇年代初頭以降の景気停滞である。

一九七〇年代に入って若年労働者の比率が急速に低下し始め（生産年齢人口に占める一五〜二九歳人口の比率は一九六〇年の四三・二％、一九七〇年の四〇・三％から、一九八〇年には三二・一％まで大幅に低下する）、日本的経営が、市場メカニズムのもとではもはや低賃金を実現できなくなったとき、その企業経営方式を改めるべきであった。すなわち欧米各国の企業にみるような利益率重視の経営への転換である。しかし日本企業はその途をとらず、旺盛な設備投資によって、ひたすら規模の拡大を目指した。日本経済は選択を誤ったといわざるを得ない。

# 第三章　経済・社会の将来像

## 1　経済の変質

前章では、戦後の日本経済が、乏しい天然資源と欧米との技術格差そして人口の急速な増加という環境のもとで、日本的経営という企業行動を軸に展開されたこと、そしてそれは人々を必ずしも幸福にするものではなかったことを述べた。ではこれからの人口減少社会における経済はどうであろう。人口の減少は経済を確実に変質させる。その第一は経済成長の消滅である。今後、経済成長率は年々低下していき、やがて継続的なマイナス成長に転ずる。第二は生産資本ストック（生産設備の総量）の縮小である。それによって日本経済の原動力であった設備投資は、今後ほとんど拡大せず、やがて明確に縮小に向かう。そして第三は経済の不安定性の増大、具体的には不況が長期化する危険性の存在である。

そうした日本経済の変質によって、これまでの経済運営、企業経営の手法は通用しなくなるだろう。そして変質の過程で、倒産や失業の一時的な増加といった混乱も生じよう。しかしだからといって、これからの経済を悲観的にとらえるべきではない。経済が縮小し、経済構造が大きく変化したとしても、われわれ日本国民が幸福になる可能性は十分すぎるほどある。もちろんそのためには、かなりの努力を必要とする。その努力を惜しむべきではなかろう。もはやもと来た道には戻れないのだから。

## 労働者数の減少

人口が減少に向かうと、なぜ経済成長率が低下するのか。それは経済の規模つまりGDP（国内総生産）がどのようにして決まるかを考えれば理解できる。GDPとは一年間に国内でつくられた生産物の合計であり、その生産物は国民の労働によって生み出される。つまりGDPとは、一人の労働者が一年間働くことで生み出される生産物の量、すなわち労働生産性に労働者数をかけたものである。そしてそのGDPの増減が経済成長率であるから、具体例でいうとこうなる。

仮に労働生産性が去年と今年で変わらず、一方で労働者数が一％減少したとすると、GDPは去年に比べて一％減少する。経済成長率はマイナス一％である。また、仮に労働生産性が、生産の機械化や生産技術の進歩によって、去年に比べて一％上昇したとしても、労働者数が一％減少すれば、GDPは去年と同程度にとどまるから、経済成長率はゼロである。このように労働者数の減少は経済成長に対してマイナスに働く。

そして人口が減少すれば労働者数も減少する。しかもこれからは人口に占める高齢者の比率が増加し、働く年齢の人の比率が減少するのだから、労働者数の減少率は総人口の減少率より生産年齢人口が大きく減少し、総人口の減少よりも大きくなる。第12図に日本人の総人口と生産年齢人口の動きを示した。生産年齢人口とは働く可能性の高い年齢階級の人口であり、日本ではそれを一五～六四歳の人口としているが、その生産年齢人口が総人口の減少に先立って減少し、その減少の程度が総人口の減少よりも大きいことが見て取れる。ちなみに総人口は二〇〇一年の一億二五六〇万人から、二〇三〇年には一億七九〇〇万人へと一七七〇〇万人、一四・一%減少するが、生産年齢人口は八四五〇万人から六一四〇万人へと二三一〇万人、二七・三%も減少する。

もちろん生産年齢人口と労働者数の動きは同じではない。今後の労働者数がどうなるかは、生産年齢にある人のうちどのくらいの割合の人が働くか、また六五歳以上の高齢者のうちどのくらいの割合の人が働くかによって決まる。働く意思のある人の数を労働力人口というが、今後は女性や高齢者のうち働く人の割合が上昇するという予想もある。しかしそれらの割合が上昇したとしても、生産年齢人口の減少が大きいことから労働力人口も大幅に減少し、その減少の程度は総人口の減少率を上回るものとみられる。

第12図には、労働力人口の動きを加えてある。私の推計では、労働力人口は現在の六七五〇万人に対し、二〇三〇年には五四七〇万人となり、一二八〇万人、一九・〇%減少すると見込まれる。今後の日本の経済成長については、まず少なくともそれだけのマイナス要因が働くのである。それによって具体的に成長率がどう変化するかについては後で私の推計を示

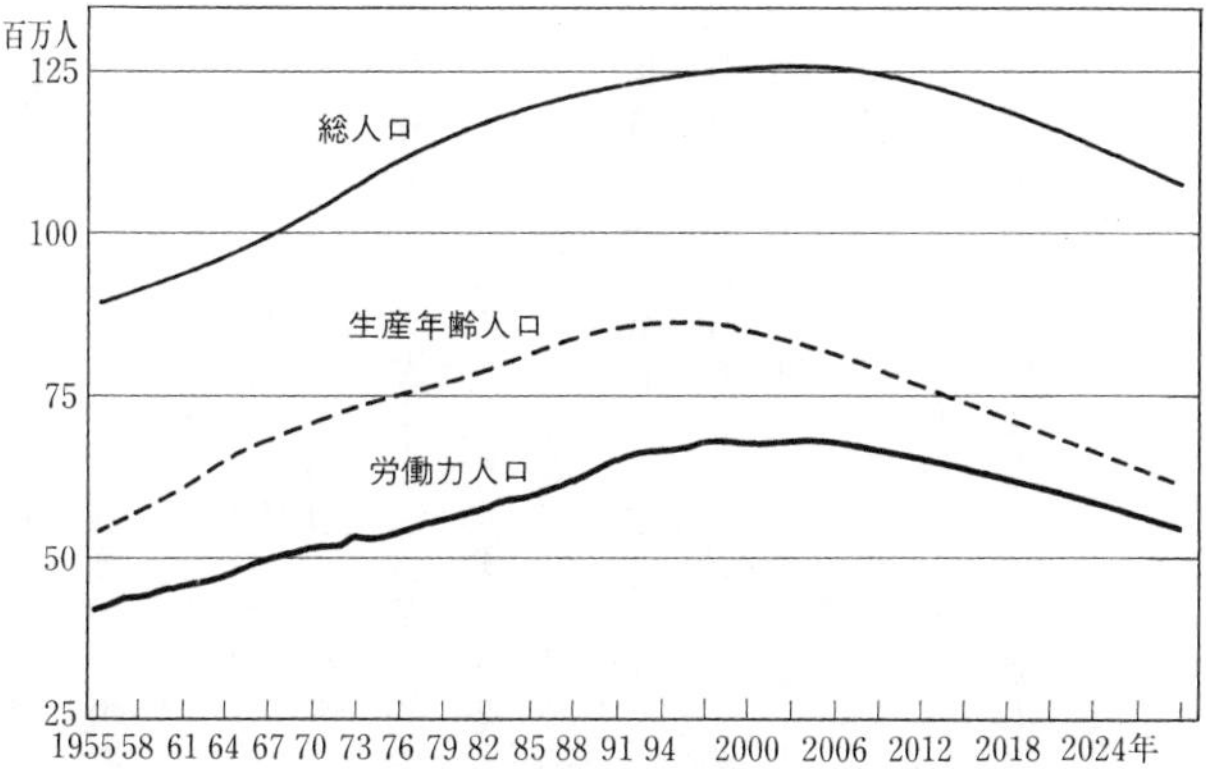


**第12図**　日本総人口・生産年齢人口・労働力人口の予測．実績値は国連統計，総務省「労働力調査」による．2001年以降の数値は，総人口，生産年齢人口は藤正，労働力人口は松谷の推計．

すこととして、ここでは今後の労働力人口の減少が確実に経済成長率を低下させるという日本経済の基本的な方向を述べておくにとどめる。

### 労働生産性の上昇率の低下

今後の日本経済の成長率に関して確実にいえることがもう一つある。それは今後の日本の成長率は欧米各国の成長率よりも低くなるということである。なぜかというと、先ほど経済成長率は労働生産性の上昇率と労働力人口の増減率によって決まることを述べたが、今後の日本については、労働生産性の上昇率が欧米各国と同程度となるのに対し、労働力人口の減少率は最も大きくなると予測されるからである。

　このうち労働生産性上昇率が欧米各国と同程度となるという点については、日本経済に対する過小評価ではないかという意見があるかもしれない。そこで第13図に各国の労働生産性上昇率の推移を示した。日本は一九七〇年代前半までと一九八〇年代後半に各国を大きく上回っているが、それ以外の時期ではドイツ、フランスと同程度の水準である。そして日本が各国を上回った時期については、以下のような特殊事情が働いていた。

まず一九七〇年代初頭までの時期については、日本が技術後進国であったという特殊事情が存在した。労働生産性は基本的には生産に関する技術開発によって上昇するが、その技術開発には多くの時間を必要とする。しかし終戦の時点で技術後進国であった日本は、先進国である欧米各国から最新の生産技術、生産設備を導入することによって、技術開発に要する時間を大幅に短縮することができた。「後進国利得」といわれるもので、現在いくつかの中進国・開発途上国がきわめて高い経済成長率となっているのは、人口増加に加えこの後進国利得によって労働生産性が急速に上昇するためである。

この点に関して、終戦時の日本の技術水準はそれほど低くなかったのではないか、ゼロ戦や戦艦大和の例もある、と思う人がいるかもしれない。しかしもし戦闘機や戦艦をつくる技術は欧米各国に匹敵していたとしても、それは軍事技術である。民生用の技術とはその分野や質において大いに異なる。そして戦争によってそうした民生用の技術輸入が途絶したことに加え、国内的にも戦時経済体制による民間需要の極端な抑制によって民生用の技術開発が

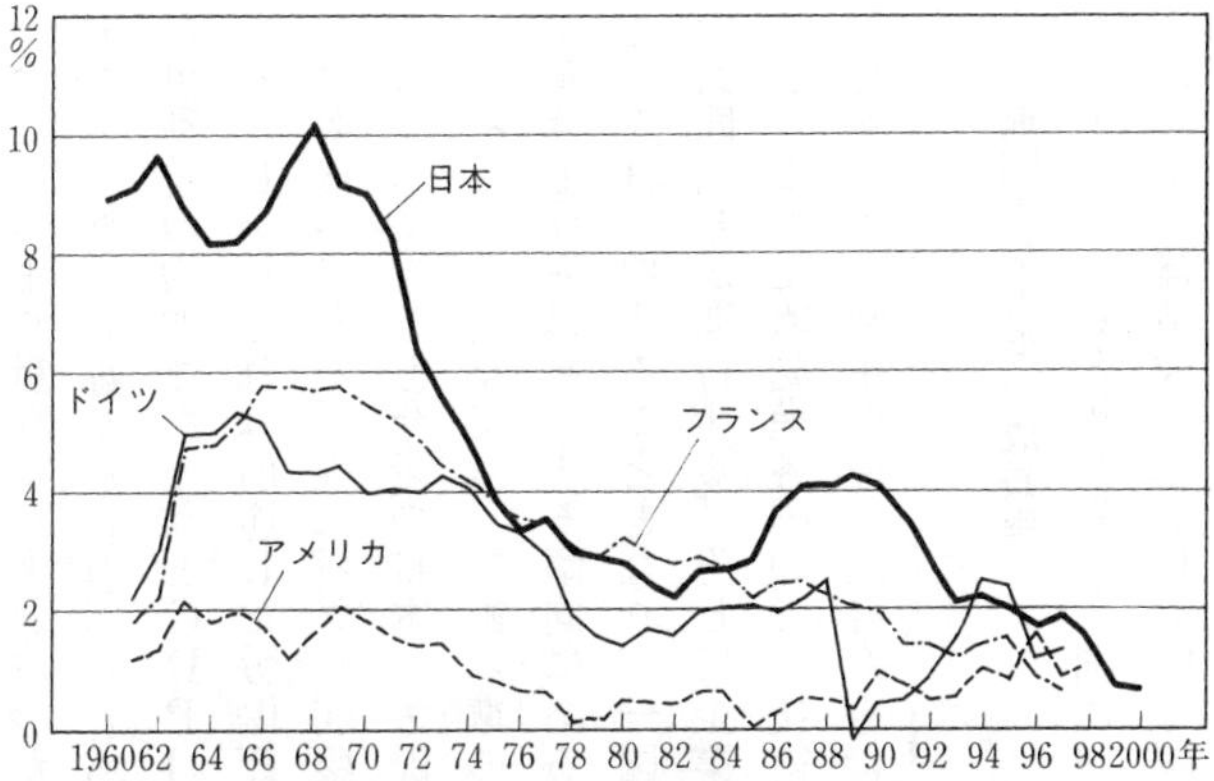


**第13図**　各国の労働生産性上昇率の推移．労働生産性は労働時間あたりのGDP．OECD : Annual National Accounts, ILO : Bulletin of Labour Statistics に基づき算出．

ほぼ停止状態となっていた。だから民生用技術についてみれば、戦後の民生用生産の再開時点では、日本の技術水準はきわめて低く、欧米各国とのあいだに大きな格差が存在していたことは間違いない。つまり一九七〇年代初頭までの時期における日本と欧米各国との労働生産性上昇率の差は基本的に後進国利得という特殊事情によるものである。事実、日本が欧米の技術水準にキャッチアップしたとみられる一九七〇年代後半以降は、ドイツやフランスとほぼ同程度の水準で推移している。

そして一九八〇年代後半の盛り上がりはバブル景気という特殊事情によるものである。バブル期には高額商品が飛ぶように売れたが、その高額商品とはおおむね虚飾的傾向の強いものであり、販売価格の割には製造原価が低かった。つまり粗利益が大きかったわけであるが、GDPとは販売価格の合計ではなくて、そこから原材料費を差し引いたもの（付加価値）、つまり粗利益の合計であるから、虚飾的な粗利益の増加であろうとGDPはそれだけ拡大し、計算上は労働生産性が上昇することになる。しかしそれは前述した労働節約的技術開発による永続的な労働生産性の上昇でないことは明らかである。現にバブル崩壊後は再びドイツやフランスと同程度の水準に戻っている。

こうしてみると今後の日本の労働生産性上昇率が欧米各国を上回る理由は見あたらない。またそもそも近年では、技術水準の高度化と企業のグローバル化によって、先進各国の労働生産性上昇率は接近する傾向にある。技術水準が高度化するにつれ、技術開発には膨大な資金と人材を要することとなり、一国だけでは技術開発を完結することが困難になって国際的な共同開発が進行する。そして企業のグローバル化は技術が国境を越えて伝播する速度を速める。このため先進各国間では技術の同質化が進み、技術進歩の速度も同様な水準へ収斂《しゅうれん》し、したがって労働生産性の上昇率も接近することになるのである。

### 先進国で最も低い成長率

さて、日本を含めた先進各国における労働生産性の上昇がほぼ同程度であるとすると、今後の各国の経済成長率の相対的な関係は、それぞれの労働力人口の動向によって決まること

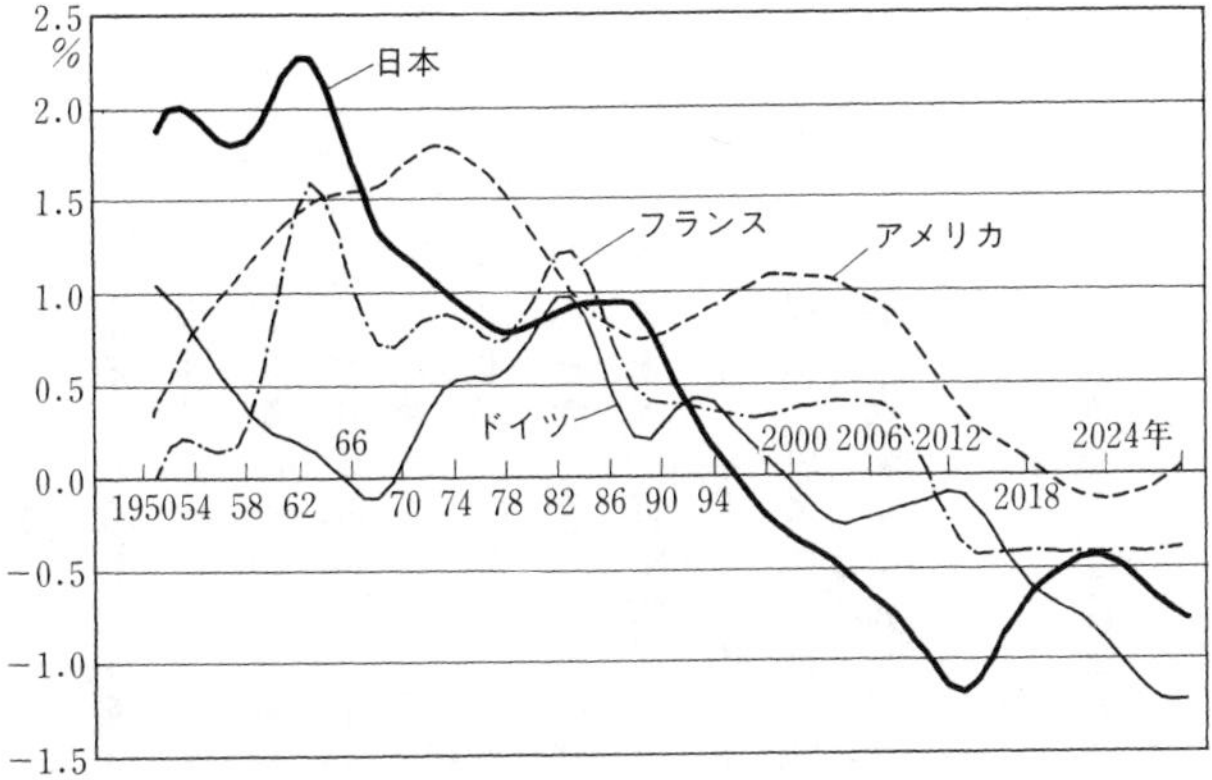


**第14図**　各国の生産年齢人口の増加率の予測（国連人口推計より作成）.

になる。そして労働力人口は基本的には生産年齢人口の動きを反映する。そこで第14図で各国の生産年齢人口の予測値を比較してみた。ただし同一の手法による予測値とする必要から、ここでは国際連合の予測値を用いている。図は生産年齢人口の対前年比であるから、縦軸でゼロを下回るほど減少率が大きくなり、ゼロよりも上にあれば増加を続けていることを示す。

日本の生産年齢人口の減少は最も早く、すでに一九九六年にマイナスに転じており、今後も際立って大きな減少を続ける。二〇二〇年前後には「団塊の世代」の孫の代が生産年齢階級に達することから、いったん減少率は小さくなるものの、その後再び大きく減少する。これに対してアメリカ、フランスは今後も当分のあいだ増加を続け、その後減少に転ずるものの、その減少率はわずかなものである。ドイツは二〇一〇年代の半ばから本格的な減少に転ずるが、それまではおおむね横ばいである。そうした生産年齢人口の動きからすると、今後の十数年間においては、労働力人口が減少するのは、まず日本だけということになる。そしてその後についても、日本の労働力人口の減少率はアメリカやフランスを大きく上回ることになると考えられる。

したがって今後十数年間の日本の経済成長率は先進各国のなかで最も低くなる。そしてその後も、アメリカやフランスの経済成長率を下回る可能性が大きい。戦後、高度経済成長を謳歌してきた日本経済にとってはまさに様変わりであるが、これはほぼ確実に到来する未来である。だからそのとき、日本の経済成長率が欧米各国より低くても、それをもって直ちに景気停滞であるとか、経済政策に問題があると判断すべきではない。たとえ日本経済が順調であったとしても、成長率は欧米各国よりも低くなる。それは日本の人口減少率が大きいことの必然的な結果であり、いかなる経済政策、企業経営をもってしても避けることはできないのだと、冷静に受け止めることが必要である。

### 国民総労働時間の減少

では今後の経済成長率は具体的にどの程度となるのだろうか。第12図（五九ページ）で労働力人口についての推計結果を示したが、今後の経済を予測するには、一人の労働者が一年間に平均してどれくらいの時間働くのか、すなわち年間労働時間の見通しも重要である。というのは年間労働時間の短縮はかなりの速度で進行しており、一九六〇年代には二三四〇時間であった年間労働時間が、一九九〇年代には一九三〇時間にまで短縮している（旧労働省「毎月勤労統計調査」）。平均すると毎年約〇・六％の短縮である。経済成長率が低くなると、労働時間の短縮が成長率を引き下げる割合はかなり大きくなってくる。

例えばある年の労働力人口の減少率が一％であっても、一方で年間労働時間が〇・六％短縮したとすれば、日本経済が利用できる労働力は一％の減少ではなく、一・六％の減少である。ここでその年の労働生産性上昇率が仮に一・三％であったとすると、労働時間が変わらなければ成長率は〇・三％であったのが、労働時間の短縮によって〇・三％のマイナス成長になってしまう。労働生産性上昇率が一・三％というのは一九九〇年代後半の労働生産性上昇率の平均でもあるから、十分あり得るケースである。今後の経済成長についてはすでに多くの予測が出されているが、なかには労働時間の短縮を前提としていないものも見られる。しかし成長率にこれだけの差が生じるのだから、必ず織り込むべき材料であろう。

ではまず、すでに示した労働力人口の推計の根拠を説明しよう。労働力人口は生産年齢階級にある人のうちどのくらいの割合の人が働くか、また六五歳以上の高齢者のうちどのくらいの割合の人が働くかによって決まると述べた。その割合を「労働力率」というが、それを正確に予測することは実はなかなか難しい。働くかどうかは人々の意識の問題であるし、安心して働ける社会的制度が整わなければ現実に働こうとは考えない人も多いからである（労働力人口は正確には働く意思を表明した人の数である）。

そのように不確定要素が多い場合に通常用いられる予測手法は、これまでの傾向（トレンド）が今後とも続くであろうとする手法である。つまり人々の意識や社会的制度といったものは、突然に変化するものではなく、ある一定の傾向をもって変化していくものだと考えるのである。そして第15図をみると、そうした手法の妥当性を確認できる。図において、生産年齢にある男性の労働力率はおおむね安定しており、生産年齢階級の女性および高齢者については、一九九〇年代は景気の停滞から少し動きが異なるものの、明確な傾向的変化を示している。そこで、この手法で労働力率を予測することにし、男女別および一〇歳刻みの年齢階級別にこれまでのトレンドを数学的に求め、それを延長した。

結果は、生産年齢階級の男性の労働力率には大きな変化はないものの、女性の生産年齢階級の労働力率は、二〇〇一年の六一・二％から、二〇三〇年には六八・六％へと大きく上昇する。出産・育児などの期間を考えると、かなり高い労働力率である。それでも生産年齢人口自体が急速に減少するため、前述したように二〇三〇年の労働力人口は二〇〇一年より一九・〇％も減少することになる。なお高齢者の労働力率は二〇〇一年の二一・四％から二〇

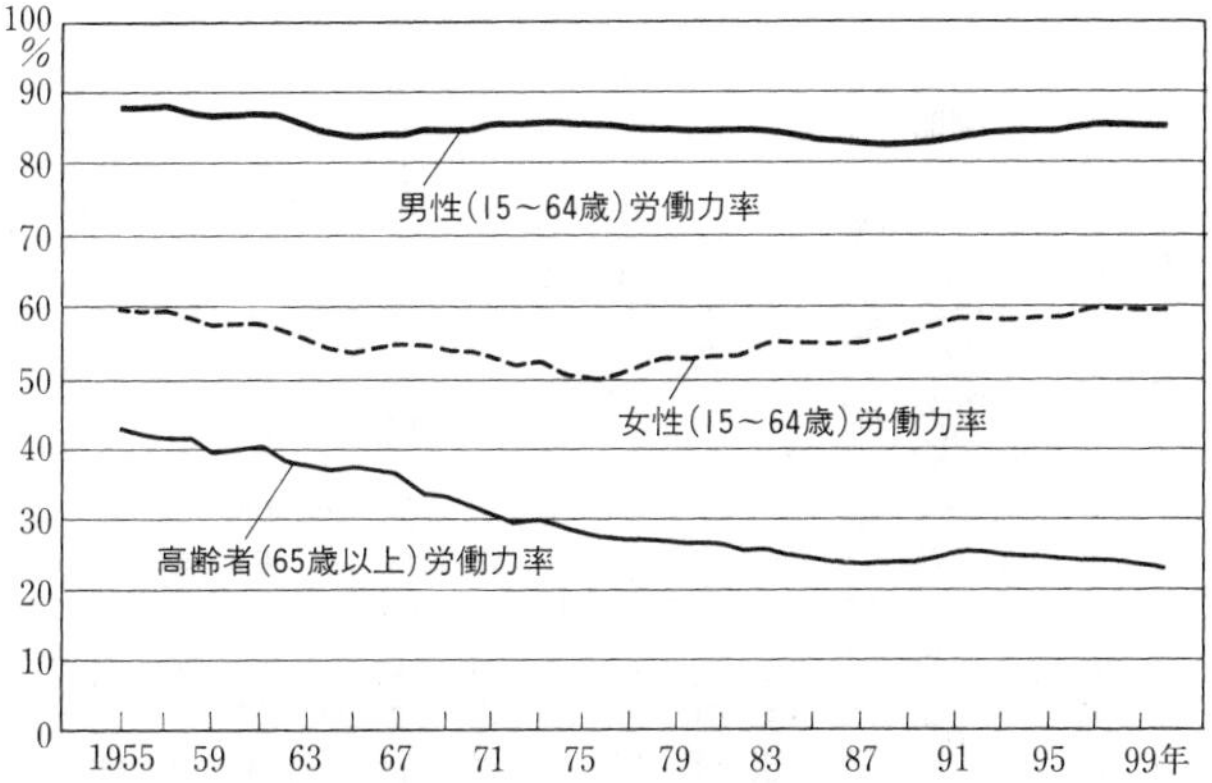


**第15図**　労働力率の推移（総務省「労働力調査」より作成）.

三〇年には一八・二％と若干低下するが、高齢者人口が今後も増加を続けるため、労働力人口に占める高齢者の割合は七・三％から一一・七％へと大きく上昇する。加えて女性労働者の割合も四〇・九％から四三・三％へと上昇する。職場の雰囲気も少し変わってくるかもしれない。

次に年間労働時間であるが、これについてもＩＬＯ（国際労働機関）を中心とした世界的な労働時間短縮の動きがあり、それに政府の労働政策と企業・労働組合間の労働協約による労働時間短縮の動きが加わるというように不確定要素が多い。そこでトレンドによる推計とした。二〇三〇年の年間労働時間は二〇〇一年と比べて一八・六％の短縮であり、平均すると年間労働時間は毎年約一二時間ずつ減少することになる。

この推計について、そんなに短くなるだろうかという意見があるかもしれない。つまり推計の妥当性であるが、労働時間を欧米各国と比較してみると、前述のように一九九〇年代の平均では日本が週四三・七時間、ドイツ三八・三時間、フランス三八・七時間、アメリカ四一・四時間である。日本と欧米各国、特にドイツ、フランスとのあいだには相当な開きがあり、推計のように労働時間が短縮しても、現在のドイツ、フランスの水準に達するだけで約二〇年を要する。また、日本における労働時間の短縮は必ずしも自発的なものではなく、ＩＬＯをはじめとした世界的な労働環境改善の流れのなかで、諸外国の批判に押される形で労働時間の短縮が進んでいるというのが実態である。だからドイツ、フランスより二〇年も遅れるということは、日本の労働時間をこの推計以上に短縮させる圧力となることも予想される。したがって推計による労働時間は決して過小ではなく、むしろ多すぎるぐらいではないかと判断される。

以上の労働力人口と年間労働時間の推計から、日本の国民総労働時間は、今後一〇年間で八・一％減少し、二〇三〇年には二〇〇一年より三三・二％減少すると見込まれる。約三〇年後には、日本経済が利用できる労働力は現在の三分の二に縮小するのである。

なお日本における労働時間の短縮は、週休二日制の普及、振替休日を含む国民の休日の増加による面が大きく、一日の労働時間は、一九四七年（昭和二二年）の労働基準法制定以来、八時間で変化はない。一日の労働時間の短縮が進んでいるドイツやフランスとの大きな相違点である。つまり就労日においては目一杯働き、休むときは国民一斉にというわけである。企業の側からみれば、その方が生産効率の点で都合がいいのかもしれないが、そうした経済重視の姿勢が、年間労働時間の短縮を遅らせてきたのだろう。例えば国民の祝日や振替休日を増やすときにも、「それによる経済効果は○○億円」というコメントが必ず付け加えられる。国民生活に関する議論や施策は、もう少し経済を離れた視点から行われることを望みたいものである。

**経済成長率の予測**

前項の国民総労働時間の見通しを前提として、今後の経済成長率を予測してみよう。経済予測に限らず科学的な予測には必ず前提があり、前提条件が違えば予測結果は異なってくる。だから前提の妥当性が重要なのであるが、ここでの前提は「近年の就労に対する意識の変化や労働時間の短縮が今後とも続くとすれば」というものである。そして経済はそれ自身の自律的メカニズムによって動くから、労働力人口という外部的な要因が変化したことによって最終的に経済の姿がどうなるかを知るには、そのメカニズムを実験的に動かしてみる必要がある。この実験装置が経済モデルであり、ここではイギリスの経済学者R・F・ハロッドとポーランド生まれのアメリカの経済学者E・D・ドーマーによって開発されたハロッド＝ドーマー・モデルに、私が労働力制約を加えたものを用いる。

第16図が今後の実質国民所得の予測である。国民所得とは国内総生産（GDP）から減価償却分などを差し引いたものであり、国民にとっての実質的な収入を意味する。個人タクシー業者を考えてみよう。収入からガソリン代等の日常的な経費を除いた年間の収入は六〇〇万円であるが、自動車の購入に二〇〇万円かかっているとする。その自動車は五年で買い替えなければならないとすると、毎年四〇万円積み立てておかないと五年後には営業を続けられなくなる。したがって、彼にとっての実質的な収入は六〇〇万円ではなく、五六〇万円である。この場合、六〇〇万円に相当するのがGDPであり、五六〇万円に相当するのが国民所得であると考えればよいが、人々が生産活動を営むのは、それによって現実に使えるお金を得るためであるとすると、国内総生産の成長率よりは国民所得の成長率がどうなるかということの方が重要である。

予測では、物価上昇を差し引いた実質国民所得は二〇〇八年まで増加した後、翌年には継続的なマイナス成長に転ずる。しかもその増加の程度は小さく、減少の程度は大きい。成長率は、二〇〇五年で〇・六％にすぎず、二〇二〇年ではマイナス一・一％となり、二〇三〇年ではマイナス一・七％に達する。前述の労働生産性と労働者数との関係から成長率を説明した例にならえば、初期には労働生産性の上昇が労働力の減少をわずかばかり上回るものの、

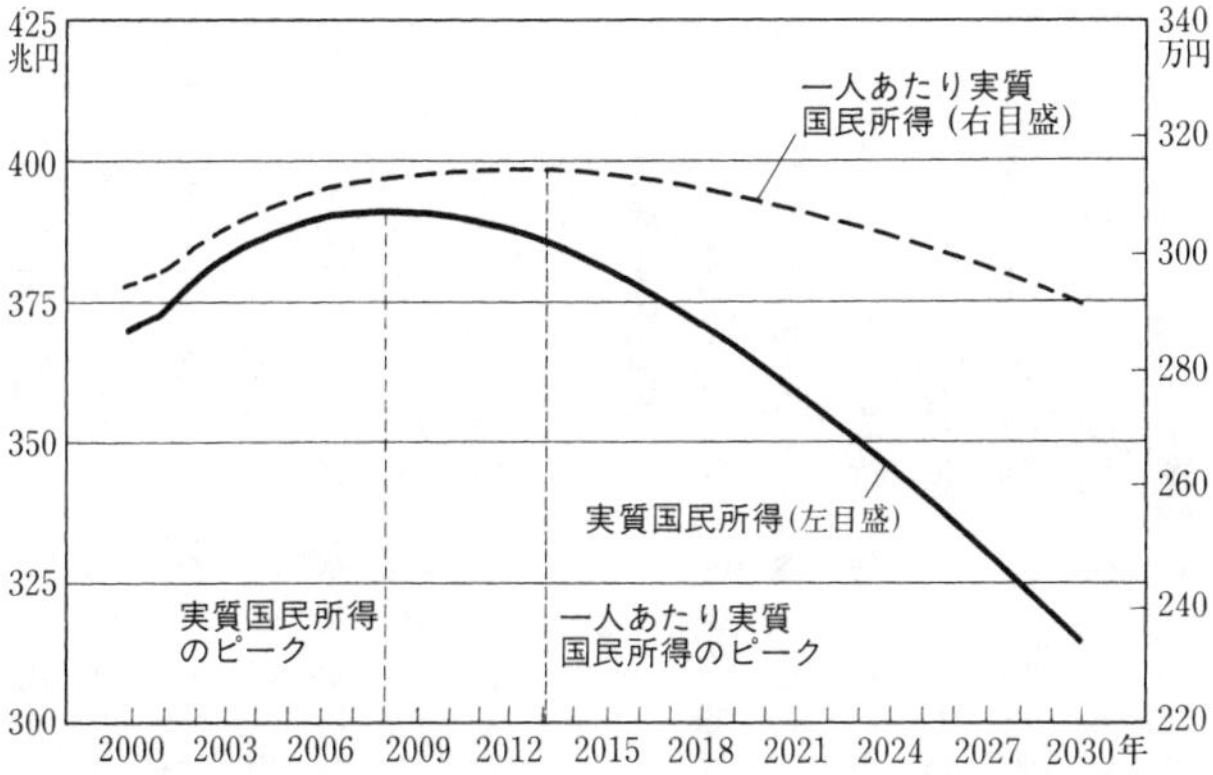


**第16図**　国民所得の予測.

やがて労働力の減少による効果の方が大きくなって、経済成長率は継続的にマイナスとなり、かつ労働力の減少率が年を追うごとに大きくなることから、経済の縮小の程度も年々大きくなっていくというわけである。

「長期にわたる不況」と称される近年の実質国民所得の成長率でさえ、平均するとプラス〇・六％（一九九二〜二〇〇〇年の平均）であったのだから、これはきわめて大きな変化である。図から明らかなように、右肩上がりでなく、「右肩下がりの経済」の到来である。二〇三〇年の実質国民所得は三一四・六兆円とピークの二〇〇八年の三九〇・七兆円に比べて一九・五％縮小し、二〇〇一年の三七三・三兆円と比べても一五・七％縮小すると予想される。

ただし経済は縮小するが、国民生活のレベルはさほど低下しない。図に一人あたり国民所得の予測を示した。国民生活は、国民所得を使って消費財を手に入れたり、公共施設や生産設備をつくったりすることで成り立っている。だから一人あたり国民所得はいわば国民の生活レベルの指標であるが、それは二〇一三年をピークに継続的な減少に転ずるものの、二〇三〇年でも二九一・七万円と二〇〇一年の二九七・二万円に比べて一・九％の減少にとどまっている。約三〇年間で一・九％しか減少しないのだからおおむね横ばいとみてよい。国民生活については現在のレベルがほぼ維持されるのである。だから日本経済が縮小するからといって、それをあまり深刻に受け止める必要はない。

### 経済の縮小の影響

しかし日本経済の縮小は経済運営や企業経営の手法、さらには人々の意識に根本的な変革を迫るものであることは確かである。まず企業は現在の企業経営のあり方を見直さざるを得なくなる。日本企業は、労働者の企業に対する忠誠心の高さ、円滑な意思疎通による組織力の強さ、そして欧米各国に比べての賃金水準の低さを軸に順調な経営を続けてきた。しかし経済の縮小は、その軸すなわち日本的経営を崩壊させる。売上高が右肩下がりに低下していく状況では、終身雇用・年功賃金制を基盤とする日本的経営を維持することはできない。また経済の縮小は、企業経営上の諸問題を量的拡大のなかで解決する、つまりは先行きの売り上げ拡大をあてにした経営手法も無効にさせる。「薄利でも、場合によっては赤字でも、商品が動いていれば企業はもつ」といったことは決してあり得ないことになる。もちろん企業の売上高の縮小は日本経済全体としての話で、個々の企業をとれば売り上げが伸びる企業もあるかもしれない。ただしそうした企業でも、経済全体の売り上げが低下するなかで、長期にわたって売り上げを拡大させ続けるということは現実には考えにくい。

前章で述べたように日本的経営は人々に幸福をもたらさなかった。だからその崩壊は望ましい方向かもしれない。しかし問題は日本的経営に代えて、何を企業経営の軸とするかである。それは、人々の幸福と企業の国際競争力の向上を両立させるものである必要がある。近年、日本の企業はアメリカ的な経営手法を指向する傾向にあるが、私はドイツ、フランスの企業にこそ国民の幸福と国際競争力を両立させるカギがあると考えている。そして企業経営の新たな軸は、適切な企業規模と技術開発力にあると考えるが、その点については第四章で詳しく述べる。

第二に経済の縮小は、日本が利用できる資源の減少を意味する。国民所得とは国民の経済活動の原資であることから経済学ではそれを資源ともいうのであるが、その資源が約三〇年後には一五・七％少なくなる。人口が減少するのだから資源の必要量は低下するとしても、国民一人あたりの資源もまた横ばいから微減である。これまでの三〇年間ではその一人あたりの資源が約二・五倍に拡大してきたことからすれば、やはり大きな環境の変化である。つまり資源はいままでより貴重になる。その貴重な資源をどう使うか。国民生活水準の維持・向上を図るには、この資源配分が適切であることがこれまでよりずっと重要になる。

例えば、いままで毎年増加してきた収入が突然横ばいになったとき、人はどうするだろう。収入が増加するときは、その増加分でいろいろと新しいことができた。しかし収入が伸びなくなると、新しいことをするには、何かを取り止めなければならない。そこで自分の生活を見渡し、さほど必要でないと思われる出費を抑え、あるいは買い替えを予定していた車や家財道具も引き続き使うことにして、よりよい生活を営むための資金を捻出しようとするのではないか。つまりそれが今後の日本経済に必要とされる資源配分の適切化である。

そしてそのために最も必要なことは、日本経済の水膨れ的な体質を改善することである。経済の現状をみると、企業は、売上高を持続的に拡大するため、毎年の新製品ラッシュによって意図的に旧製品を陳腐化させたり、さらには耐用年数を短くすることによって需要を創出しようとし、消費者もまた積極的な新製品の購入や買い替えによって、それに呼応している。日本経済は、そうした企業・消費者行動によってつくられた水膨れ的な需要によって維持されている面が多分にあり、いまやそれは不可欠となりつつある。しかし今後資源の制約が強まれば、そうした浪費はそれだけ国民生活のレベルを引き下げることになるのである。

したがって早急な体質改善が望まれるところであるが、計画経済ではないのだから、それが進むかどうかはひとえに企業、消費者の心がけにかかっている。つまるところ資源配分の適切化はわれわれ一人一人がどう行動するかの問題なのである。

第三に経済の縮小は、現世代の経済行動が将来世代の生活水準に及ぼす影響を大きくする。日本の利用できる資源が年々減少していくということは、国民生活の基盤であるさまざまな公共施設や民間施設、つまり社会としてのストックを形成していく能力が年々低下していくということである。だから現世代がどれだけのストックを形成するかによって、将来世代の生活水準は大いに違ってくる。親が住宅を残してくれれば子供は収入が低くてもそれなりの生活ができるが、親が収入を遊びに使ってしまえば子供は苦労するというのに似ている。「親」をあてにするなという意見もあろうが、われわれ自身は高度成長の時代につくられたさまざまなストックによってそれなりに豊かな生活を享受できているとすると、今後経済の縮小がほぼ確実に予想されるなかで、将来世代は自己責任でまかなえともいえないだろう。そうした点を資源配分にあたってどの程度重視するかは、経済の問題ではなく社会の問題であるが、少なくとも社会としてのストックを形成するにあたっては、将来世代のことも見通した中長期的観点からその必要性を十分に検討する必要があろうし、かつそうしたストックの耐用年数をできる限り長期化するなどの努力は必要である。

ストック型社会が未来なのか？

## 生産資本ストックの縮小

ここまでは、人口の減少は日本経済にとって利用可能な労働力を減少させるという面から、今後予想される経済の変化をみてきたが、次に、人口の減少は日本経済にとって稼働可能な機械設備の総量（生産資本ストック）を縮小させるという面から、今後の日本経済を展望することとする。

この場合、生産資本ストックの縮小は労働力の減少の結果であるから、人口減少による経済成長への影響を考える場合の視点の違いである。つまり一方は労働力に着目し、「働く人がいなければ生産はできないのだから、労働力人口の減少は生産量を減少させる」とみており、他方は機械設備に着目し、「機械設備は働く人がいなければ動かないのだから、労働力人口の減少は動かすことができる機械設備の量を減少させ、生産量を減少させる」とみているのである。

そうした異なった視点からとらえることによって、これまでの記述では必ずしも明瞭でなかった別の質的変化を説明することができる。それは設備投資の縮小である。設備投資は機械設備を維持し、あるいは拡大するために行うものだから、労働力人口の減少によって機械設備の総量が減少するとなれば、当然設備投資も減少せざるを得ない、つまり設備投資に物理的な上限が画されるという質的変化が、日本経済に生まれるのである。

では日本の生産資本ストックは、いつ頃、どの程度縮小するのだろうか。その場合、考慮しなければならないのは技術の進歩である。技術進歩によって機械が改良され、それまで一台あたり例えば一〇人の労働者を必要としていたのが、九人ですむようになることもある。だから技術の進歩があれば、生産資本ストックの縮小幅はそれだけ少なくなり、あるいは大きく技術が進歩する場合には逆に拡大するということもあり得る。そこで今後の技術進歩の速度に一定の仮定をもうけた上で、先ほどの国民総労働時間の動向から、今後の日本における稼働可能な生産資本ストックを計算してみた。結果は第17図の通りである。技術進歩の速度については、石油ショックの影響が一段落した一九八〇年以降の傾向が今後も続くと仮定している。労働者数ではなく、国民総労働時間を用いるのは、機械設備に投入される労働力の量は労働時間で測られるべきだからである。

技術進歩の速度と国民総労働時間の減少速度との関係は、当面は技術進歩の方が大きい。したがって稼働可能な生産資本ストックは、図のようになお拡大し続ける。しかしこれまで増加していた国民総労働時間が逆に減少に向かうことで、その拡大の程度はずっと小さくなる（拡大幅は図の一番下の実質純投資に等しい）。そして二〇二二年になると、技術進歩の速度よりも国民総労働時間の減少速度の方が大きくなって、稼働可能な生産資本ストックは、右肩下がりに縮小していくと見込まれる。

この生産資本ストックの推計から今後の設備投資額を求めた。図の実質粗投資がそれであり、物価上昇分を差し引いた実質投資額であらわしてある。ただし推計値は生産資本ストックが稼働可能な水準なのだから、推計値も現実に予想される設備投資額ではなくて、最大可能な上限としての設備投資額である。

ここで純投資と粗投資の意味を説明しておこう。企業は、手持ちの機械設備が老朽化すると、新しい機械設備に取り替える。それを更新投資というが、更新投資であっても、新たな機械設備を購入しているわけだから、「設備投資」という場合には当然更新投資も含まれる。しかし更新投資の場合は、それによって生産資本ストックが増加するわけではない。ストックが増加するのは機械設備が増設された場合であるが、そうした生産資本ストックが増加する投資を純投資といい、それに対して更新投資を含む投資の総額を粗投資という。今後の粗投資については、当面はおおむね横ばいを維持するものの、二〇一二年には明確に縮小に転ずる。そして二〇三〇年には現在より一一・七％低い水準にまで縮小する。これまでの三〇年間で設備投資が約二・五倍に拡大していることとの対比で考えれば、劇的ともいえる状況の変化である。

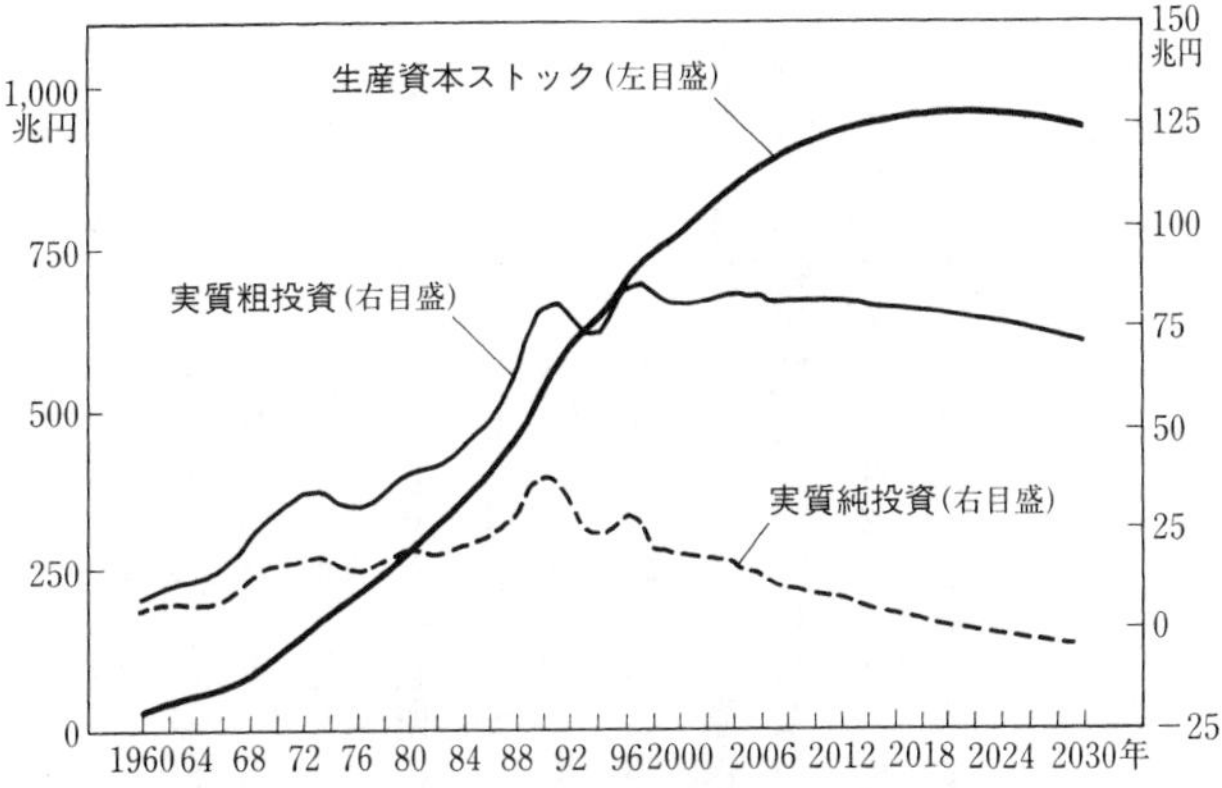


**第17図**　生産資本ストック・設備投資の予測.

## 投資財産業の縮小

では設備投資が縮小すると、日本経済に何が起こるだろう。一つは投資財産業の縮小である。投資財産業とは生産のための機械設備の製造、あるいは工場や公共施設の建設を行う産業の総称で、重電、重機械、建設業などがそれにあたる。つまり日本の名だたる企業の大部分は投資財産業であるが、設備投資の縮小はそれらの産業を直撃する。第17図で実質粗投資が大きく屈折して、横ばいから縮小に向かっているが、それがすなわち、それらの産業にとって売上高の最大限度なのだから、企業経営において重大な局面を迎えることが想像できるだろう。当然整理淘汰が急速に進行する。

そして影響はそれにとどまらない。投資財産業は多くの関連産業を必要とすることもあって、それぞれに広大な産業の裾野が形成されている。加えてこの点は日本経済の特徴であるが、投資財企業とその関連企業は系列、下請け、孫請けなどの固有の関係をもって有機的に結びついている。例えば、近年では少し変化がみられるものの、日本では部品にかかわる規格が系列ごとに異なり、ある部品製造企業が他の系列と取引しようと思ってもできない場合が多い。この点は部品を海外に輸出する場合にも障害となる。そのために投資財企業の整理淘汰は、その裾野企業の整理淘汰に直結するのである。

しかも裾野産業を含めた投資財に関連する産業が日本経済に占める比率は、欧米各国に比べてはるかに大きい。各国が一五～二〇%であるのに対し、日本は三〇%を超えている。それは戦後の経済が投資を軸に、つまり投資が投資を呼ぶ形で成長してきたことの反映であるが、そのため設備投資の縮小は日本経済のいわば屋台骨を揺るがすことになりかねない。それを救う手立てはただ一つ、消費関連産業が代わって拡大することである。しかしそのためには個人消費が拡大しなければならない。個人消費が拡大するためには、個人所得(家計所得)が増加する必要があり、個人所得の大部分は賃金なのだから、設備投資の縮小への対応策は賃金水準の引き上げということになる。そして賃金水準を引き上げることは実は可能なのである。

## 賃金水準の上昇

それが設備投資が縮小することの第二の影響である。第17図で、実質純投資が急速に縮小し、やがてマイナスになることを示した。その意味するところはこうである。企業においては、純投資つまり機械設備の増設のための資金の一部にするために貯蓄（内部留保）をしている。個人における住宅ローンの頭金のようなものと考えてもらえばよい。そして老朽化した機械設備の取り替え、つまり更新投資のためには、減価償却費を別途積み立てている。減価償却費は税法上も利益処分でなく費用であるから、確実に企業内に留保される。したがって純投資が縮小すれば、つまり人手不足から機械設備の増設を控えなければならないとすると、それだけ貯蓄をする必要性は少なくなる。さらに人手不足が進んで、機械設備の総量も減らさなければならなくなる、つまり更新投資も手控えるようになると、用意しておいた減価償却費の積立金すら余ることとなる。だから設備投資が縮小すると、賃金を引き上げるだけのゆとりが生まれるのである。

ここでもし賃金を引き上げないとするとどうなるか。人口減少下の経済においては、それは経済の規模を一層縮小させることになる。なぜかというと、賃金を引き上げない分だけ企業の貯蓄は増加するが、その貯蓄の増加分を運用することができないからである。運用するためには、そのお金を借りてくれる企業がいなければならないが、他の企業でも賃金を引き上げずに貯蓄が増加しているとすると、借りてくれる企業はいない。つまり貯蓄の増加分は宙に浮くことになる。そうした状態を「貯蓄超過」というが、貯蓄超過になると経済はスパイラル的に縮小する。

そのメカニズムはこうである。日本全体で今月と同じ量の製品が来月も売れるためには、今月の売上金の全てが、賃金の支払いや部品・原材料代の支払いを通じて、また企業が内部に留保した利益（貯蓄）については銀行等による他の企業への貸し付けを通じて、来月その製品を買ってくれる消費者や企業の手に渡っていなければならない。しかし宙に浮いた貯蓄があるということは、売上金の一部が来月に製品を買う側の手に渡っていないということである。そうなると来月の売上金は今月より少なくなる。それはつまり経済の縮小である。だから賃金の引き上げが行われない場合は、この貯蓄超過による経済の縮小要因が加わることによって、日本経済は先ほど示した予測よりさらに縮小することになる。

この場合、賃金の引き上げでなく、株式の配当を拡大しても、貯蓄超過による経済の縮小を避けることはできる。配当が増加した場合も個人所得は増加するからである。もっとも、経済に対する効果は少し異なる。株式を多く持っているのは所得水準の高い人が多いが、所得が増加したとき、その増加分のうち消費に回す割合は、一般的に所得水準の高い人の方が小さいからである。したがって配当を拡大した場合は、賃金を引き上げた場合よりも消費を拡大する効果は小さい。いずれにせよ人口減少下の経済では、企業の内部留保の縮小が、経済を維持していく上で重要なポイントになる。この点については第四章で再度述べることとする。

### 拡大メカニズムの消滅

以上の産業構造の変化と企業・個人間の所得分配の変化とともに、設備投資に物理的な制約が生まれることとの第三の影響について述べておきたい。それは先ほど触れた、投資が投資を呼ぶという経済の拡大メカニズムが、今後の日本経済から実質的に消滅することである。投資が投資を呼ぼうにも、全体としての投資額に制限があるのだから、そのプロセスは常に早期に中断されざるを得ない。

だから、公共投資の拡大の根拠とされている、「公共投資は民間投資を誘発することで経済を拡大基調に向かわせる」という理屈は成り立たなくなる。民間投資の規模は年々縮小せざるを得ないのであるから、公共投資の民間投資に対する誘発効果もきわめて限られたものとなる。むしろ資源が公共投資に食われ、民間投資が圧迫されるという危険性を危惧すべきだろう。人口の減少は、政府の経済政策のあり方に対しても基本的な見直しを迫ることになるのである。「不況時には公共投資の拡大」といった政策パターンは適切なものでなくなるし、効果も期待できなくなる。

## 不安定な経済

これまでのところで人口の減少は、日本経済に対して資源配分や所得分配の変更を迫るものとなるであろうことを述べたが、今後の日本経済がその方向に進むのであれば、それらはいずれも前章で述べた人々の幸福の要件である「労働時間あたりの所得」を増加させるものとなる。人口の減少は、賃金上昇を抑制してきたメカニズムである日本的経営を崩壊させるだけでなく、より直接的に賃金水準を上昇させるのである。ただし今後の経済に関し、一つ懸念される材料がある。それは経済の不安定性の増大であり、具体的には不況期が長期化する可能性である。

経済には景気循環というものがある。経済は必ず好況と不況を繰り返す。景気がよい状態が永続することはないし、いつまでも景気が悪いままということもない。その様子を第18図に示した。図の実線は実質GDPの対前年増加率（成長率）の実績の推移である。各年の成長率は好況期には高く不況期には低いが、いわばそれらの平均を求め（趨勢値《すうせいち》というが、図では目盛りゼロの横軸つまりX軸がそれにあたる）、各年の成長率については、その平均との差で表示した。ある年の成長率がX軸よりも上にあれば成長率は平均より高いのだから、その年は好況であり、下にあれば不況である。さらに成長率の動き、つまり実線が下向きであれ

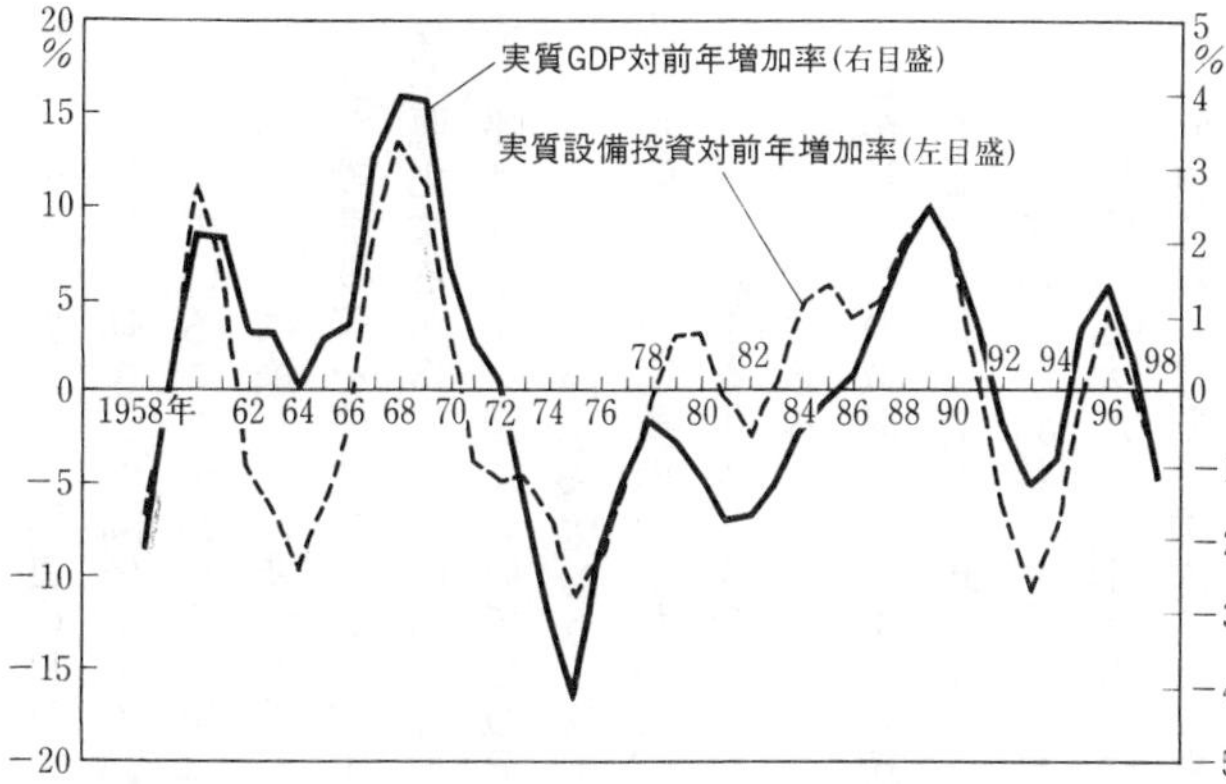


**第18図**　景気循環と設備投資循環.

ば景気は不況に向かっている、つまり後退局面にあり、実線が上向きであれば景気は回復局面にあるということになる。

図から過去の日本経済においては、石油ショックの一時期を別にすれば、X軸を下回る期間（以後、不況期という）は、上回る期間（好況期）に比べて短く、かつ下回る程度も小さかった。またV字型回復といわれるように景気回復の速度も速かった。しかし今後は、そうしたパターンが変化する可能性がある。X軸を下回る期間がこれまでより長く、かつ下回る程度も大きくなり、また回復の足取りも弱いものとなる、つまり不況期が長期化することが懸念されるのである。

なぜそうした可能性が出てくるのだろうか。それは景気がどのようなプロセスで後退し、また回復するのかを考えてみれば、理解できる。図に実質設備投資の動きを加えた。実質GDPと同じく、各年の対前年比をその平均との差で表示してある。GDPの動きとの関係がよくわかるように、スケールを変えたが、二つがほとんど同じ動きをしていることがわかる。実は景気の変動は設備投資の増減によって起こるのである。それまでの景気がピークに達して需要の減退が見え始めると、企業は設備投資を手控える。それでは採ような設備投資を続けていると、生産能力が需要を上回って遊休設備が増える。それでは採算が悪化するから、生産能力を需要の減退に合わせようとするのである。これはストック調整と呼ばれるが、図においてGDP成長率（実線）が下降を始めると、設備投資の対前年比（点線）も下降に向かっており、ストック調整が行われている様子がよくわかる。この場合、設備投資もまた需要の一部だから、ストック調整は需要全体をさらに減退させる。それがまたストック調整を生み、需要全体が一層減退する。これが景気が後退し、やがて不況に突入するプロセスである。

しかし需要の減退はいつまでも続かない。人口が増加している状況では需要の減少にも限りがある。そして需要の底止まりが見えると企業は設備投資を再び拡大する。企業は今後需要は増大すると予測して、それに見合った生産能力を確保しようとするのである。そしてその設備投資の拡大が起爆剤となって、需要は実際にも増大し、景気は回復期に入る。つまり景気回復には、需要が増大するであろうという予測に基づく企業の先行投資が大きく作用する。ここから、過去の日本経済においてX軸を下回る期間が短く、その程度も小さかったのは人口増加が少なからず関係しており、回復の足取りが強かったのは、それだけ需要の増大に対する企業の確信が強かったからであるといえる。

### 人口減少下の景気循環

では人口減少下の経済においてはどうだろうか。まずストック調整であるが、人口増加によって需要が傾向的に拡大する状況にあるときのストック調整は比較的容易である。企業は機械設備の増設を極力抑制して更新投資だけを続けていれば、つまり生産能力を横ばいに保っていれば、いずれ生産能力に需要が追い付いてきて、ストック調整は完了する。つまりその時点で景気の後退は終わる。

これに対して人口減少のもとでは需要は傾向的に縮小するのだから、企業は更新投資も抑制して、積極的に生産能力を落とす、つまり企業規模を縮小させねばならない。しかし日本の経営者にとって企業の規模は一つの誇りともいえるものだから、その縮小には抵抗感が伴う。また日本経済は縮小しても、自分の企業だけは別という気持ちが働くこともあろう。そうした企業規模の縮小に消極的な企業が増えると、日本全体としての需要と生産能力はなかなか一致しなくなる。つまりストック調整は完了せず、それだけ景気の底の到来が遅れることになる。また景気が底に来ても、企業は需要が傾向的に縮小していくことを知っているから、先行投資はごく弱いものにとどまる。だから需要の増加も緩やかなものとなって、景気の回復にはより長い時間を要することになる。つまり実質GDPの成長率がX軸の下方にとどまっている期間は長く、かつX軸を下回る程度も大きくなることが十分考えられるのである。

不況期の長期化は経済社会にさまざまな弊害をもたらす。企業は弱気になり、資金繰りも苦しくなって、技術開発や前向きの投資にも消極的になるかもしれない。雇用環境も悪化するから、人々の生活も不安定になる。だから不況期は短い方がよいことは確かであるが、残念ながらそれに対して真に有効な対策はない。確実とはいえないが、企業経営者が売上高や企業規模にこだわらず、利益率を重視するようになれば、ストック調整に要する期間は比較的短くなるかもしれない。需要動向に合わせて速やかに生産能力を調整することは、利益率の維持拡大の重要な要件だからである。

しかし不況のあと景気を早期に回復させるという点については、全く有効な対策は見あたらない。そもそも人口減少による傾向的な需要の減少額はかなり大きなものだから、それを例えば公共投資で補うというのは規模の点で無理があるし、今後は公共投資の景気拡大効果は期待できない。金融政策によって企業設備投資を刺激しようにも、需要の傾向的縮小のもとでは、その効果も期待薄である。人口減少下の経済は、なかなか景気回復には向かわないと理解して、それを受け入れる以外にはないのかもしれない。

ただし一方で、今後は好況期も長くなる可能性がある。これまでの経済では、景気回復期から好況にかけては、企業は競って設備投資を拡大した。それが設備投資に要する資金や資材の不足を招き、金利や物価の上昇から採算性が低下して、設備投資が比較的早期に減退するということにもなった。先行投資の強さが好況期を短くしていたともいえるわけで、だから先行投資が弱いものとなれば、景気を下降期に向かわせる要因は少なくなり、好況期がこれまでより長くなる可能性が出てくる。そうなれば、不況期の長期化と合わせ景気循環のパターンは、これまでのV字型のものに比べもっと緩やかなものとなることが考えられる。つまり循環サイクルの期間の長期化である。そうなると経済政策や企業経営は、これまでより長期的な姿勢で臨むことが必要になってこよう。

### マイナス成長になると本当に困るのか

人口減少による日本経済の変質がもたらす影響はきわめて大きなものではあるが、先ほども述べたように、それをあまり深刻に受け止める必要はない。日本の一人あたり実質国民所得は今後三〇年間でおおむね横ばいであると予測したが、現時点の一人あたり国民所得は飛び抜けて世界最高水準にある。今後は欧米各国よりも経済成長率が低くなるから、いつまでも世界一ということはないかもしれないが、三〇年後においても世界のトップクラスであることだけは間違いない。しかも労働時間が二割近く短縮するにもかかわらずである。その経済力をもってすれば、経済成長率が低下し、やがてマイナスになっても、企業構造や産業構造の改革を進め、高齢社会に向けてのストックを整備しつつ、国民の生活水準を向上させることは決して困難なことではない。これからの経済を悲観的にとらえる人が多いが、それは人口減少の影響について誤解していたり、あるいは旧来の経済慣行にとらわれていることによるものではないかと思われる。

例えば、「人口が減少するということは消費者が減少するということである。それによって消費需要が傾向的に縮小するから、企業は売り上げが低下して生産量を年々落とさざるを得なくなる。いわば不況が連続するということだから、企業経営は困難化するだろう」という意見が聞かれるが、それは景気循環と経済成長を混同していることによる誤解である。確かに、消費需要が何らかの理由によって縮小すれば、企業は生産量を落とさざるを得なくなり、その結果採算が悪化して、経営が困難になることはある。しかしそれは景気循環における景気後退期の現象である。人口減少によって継続的にマイナス成長が続く過程では、そういうことは起きない。生産量が落ちるというところまでは同じであるが、それによって採算が悪化したり、経営が困難になるということは基本的にはないと考えてよい。

なぜなら人口減少の場合の生産量の低下は消費需要の縮小によるものではなく、生産能力の低下によるものだからである。企業というものは生産能力に見合った生産が行われることを前提に、採算を考え、資金繰り計画を立てている。だから不況などによって需要が予想を下まわると、採算が悪化して、資金繰りにも齟齬《そご》をきたすことになるのであるが、人口減少の場合は生産能力そのものが低下する。当然企業はその低下した生産能力を前提に、採算を考え、資金繰り計画を立てるはずである。そして前述した設備投資の縮小に見合った企業内部留保の縮小、賃金・配当の引き上げが行われていれば、消費者の購買力も確保されて生産能力一杯の操業が保証される。だから採算が悪化したり、資金繰りに窮したりして、企業経営が困難になるということは考えにくい。

また、「売上高の縮小によって利益率や投資収益率も低下して、企業は経営困難に陥る」という意見もある。売上高が縮小すれば利益も縮小する。その一方で企業としての固定的なコストは変わらないから、利益率や投資収益率が低下すると考えるのだろうが、売上高が傾向的に縮小しているのに生産設備や従業員などの企業規模は変わらないということはあり得ないだろう。企業は当然、売上高の縮小に合わせて業容を縮小するはずである。だからエネルギー・原材料費、人件費、設備費など全てのコストが縮小する。そしてそうした業容の縮小が売上高の縮小に見合った適切なものであれば、利益率や投資収益率が低下することはない。

過渡的には、終身雇用制をとってきたために雇用調整が円滑に進まなかったり、過去の設備投資の負担の残存といったことから、利益率が一時的に低下することは考えられる。しかしそうした現象が顕著にあらわれるのは、投資財産業など今後の日本経済の変質のなかで縮小していかざるを得ない産業であろう。代わって拡大する消費財産業については、一時的な利益率の低下すらないかもしれない。冷たいようだが、人口の減少に即応した産業構造を速やかに構築することが日本経済を全体として効率的にする道なのだから、売上高の縮小によって経営困難に陥った産業、企業には、速やかに退出してもらう以外に手立てはない。

さらに「人口が高齢化して働く人が大きく減少するのだから、日本国民はいまの生活水準を維持できなくなるのではないか」という意見も聞かれる。それについては、一人あたり国民所得がおおむね横ばいであることを示したから、その見方があたらないことは明らかである。「生活水準を向上させるためにも、働く人が減った分、外国人労働者を活用して成長率の向上を図るべきだ」という主張もある。しかし外国人労働者を活用したとしても、今後の労働力の縮小自体は避けられない。先ほどの予測を前提とすれば、現在の労働力を維持しようとするだけでも、今後三〇年間で約二四四〇万人の外国人労働者を受け入れる必要があり、二〇三〇年の総人口に占める外国人労働者の比率は約二〇%にも達する。現在のヨーロッパ各国における外国人労働者の比率はそれよりはるかに低い（外国人労働者が多いといわれる現在のドイツでも八・五%である）。

あるいは「経済成長がマイナスとなることによって、失業が増加するのではないか」とする意見もある。しかし失業の点については、外国人労働者の大量の流入がない限り、基本的には問題にならない。今後の日本経済については、労働力によって天井が形成されるのだから、失業率はむしろ低下する可能性が高い。もっとも過渡期においては、業容を縮小する企業が相次ぎ、その過程で失業者が一時的に増加することがあるかもしれない。しかし賃金水準が確保され、それに伴う消費需要がある限り、企業の縮小・倒産があってもそれに見合う企業が新たに設立される。中長期的には、労働力人口に見合った就業機会は確保されるはずである。

経済は人々が悲観的になれば、それだけ収縮する。時代は変わるのである。われわれに必要とされるのは、人口減少下の経済についての正確な認識と新たな発想である。

## 2　社会の変化

人口の減少は経済だけでなく社会をも大きく変える。一言でいえば、社会の「分散化」である。戦後社会はさまざまな面で集中化の方向にあったといえるが、これからの社会においては逆方向の力が働くというわけであり、人口の減少の速度からみて、その変化はかなり急速なものとなることが予想される。

### 内陸に分散する人口の極

戦後の日本では人口分布の集中化がみられた。それは東京湾、大阪湾および伊勢湾という三つの極への集中である。それらの湾に面した東京、神奈川、千葉、大阪、兵庫、愛知、三重の一都一府五県の人口は、終戦直後の一九四七年には全人口の二六％であったが、一九七五年には三八％以上に増大する。そうした人口の集中は産業の発展形態と深く関係している。

戦後の日本経済は、鉄鋼、非鉄金属、化学等の素材産業を基盤とし、その上に重電、重機械等の大規模な製造業を擁する産業構造をとった。そのような産業構造においては、関連する諸産業が集中して立地すること、つまりは工業地帯を形成することが生産の効率性を高め

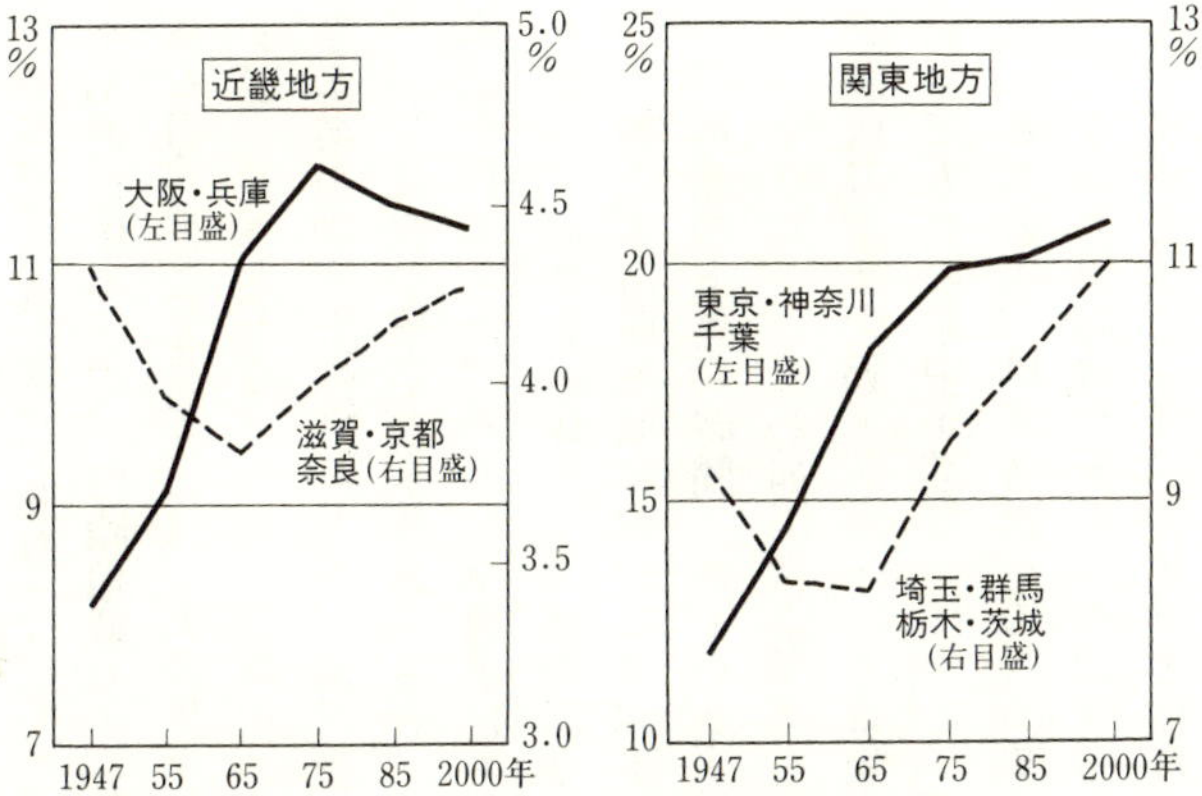


**第19図**　海岸地域・内陸地域の人口集中度の推移.

る。一方、素材産業はその原料のほとんど全てを輸入に依存せざるを得ない。産業が特定の地域に集中し、かつその地域が大規模な港湾を持つ特定の海岸地域となったことは当然の成り行きであった。

そしてそれらの産業は大量生産を基軸としたことから多くの労働力を必要とし、その労働力を主として農村地域に求めたことが、それら特定の海岸地域への人口集中を全国的な規模で展開させることになった。昭和三〇年代（一九五五〜一九六四年）の集団就職は、農村からのシステマティックな人口移動のメカニズムである。また人口集中は、それら特定の海岸地域とその近県のあいだでもみられた。内陸から海岸への人口移動である。第19図は関東地方および近畿地方における海岸地域と内陸地域の人口集中度（その地域の人口の全人口に対する比率）の推移をみたものである。一九六五年までのところで、海岸地域への集中が進行する一方、内陸地域がそれとは逆の動きになっているのがわかる（図において茨城県を内陸地域に含めたのは、大規模港湾に適した海岸を持たないという理由からである）。

変化がみえたのは一九七〇年代の半ば頃である。当時、重厚長大型産業の衰退と軽薄短小型産業の勃興と称されたが、素材産業や造船等一部の大規模製造業は、新興工業国の追い上げから業容の縮小を余儀なくされ、一方、精密機器、電子機器などの加工組立産業への需要が拡大してきた。そうした産業は素材産業や大規模製造業ほどには関連産業の集積を要しないから、必ずしも広大な用地を必要としない。また大量の海外原料を必要とするわけでもない。加えて海岸地域においては、集中による混雑というマイナス効果が大きくなってきていた。地価の上昇、時間コストの増大（輸送などに時間がかかることによるコストの上昇）である。そうしたことが加工組立産業を内陸地域に向かわせた。図にみるように一九七五年以降、近畿地方では大阪・兵庫への人口集中は緩和に向かい、代わって内陸部、特に滋賀・奈良の両県で人口の集中が進行している。関東地方では海岸地域への集中はなお緩やかながら続いているものの、内陸各県への人口集中は著しいものがある。

こうした傾向は今後さらに加速しつつ進行するだろう。前節で設備投資の縮小によって賃金水準が上昇すれば、消費が大幅に拡大するであろうことを述べた。すでに進行中の需要構造の変化とはまた違ったより大きな需要構造の変化が予想されるのである。そして消費財産業も加工組立産業と同様、広大な用地や大量の海外原料を必要とするわけではない。それが海岸地域から内陸地域への人口移動を促進する。もちろん、投資財産業が退出して海岸地域の再開発が進めば、新たな消費財産業などが海岸地域に立地する可能性もあるが、再開発のコストの問題もあり、それが円滑に進むとは限らない。したがって人口の極が内陸に向かって分散する傾向は強まるものと考えられる。

**全国的にも分散する人口の極**

投資の縮小と消費の拡大は、もう一つの人口の極の分散化を産む。それは人口の極が特定の海岸地域から内陸近県を越えて、全国的にも分散化するという動きである。消費関連産業は消費財産業と各種のサービス産業からなるが、少なくともサービス産業は全国各地でそれぞれ拡大していくと考えられる。一般的にサービスは、投資財産業や大部分の消費財産業のように、どこか一ヶ所でつくって、それを全国に輸送するというわけにはいかないからである。基本的には現地で生産され、現地で消費されるものであり、それに応じて労働力が必要となる。特定の海岸地帯で雇用機会が縮小し、全国各地で雇用機会が拡大するのだから、当然人口の移動が起きる。消費の大幅な拡大が前提となるから、一九七〇年代半ば以降の海岸から内陸への人口移動ほどには急速には進行しないであろうが、中長期的には人口の極は、海岸から内陸へ、そして全国各地へと分散していくものと考えられる。

なお、ここで人口の分散化ではなく、人口の極の分散化としているのは、サービス産業においてもスケールメリット（量産効果）が働くからである。サービス産業でもそれなりの設備が必要で、またある程度まとまった需要がなければ採算がとれないだろう。だからサービス産業が全国各地で拡大していく場合も、その時点で人口がある程度集中しているところに立地する可能性が高い。それによってその地域の利便性が高まり、かつ雇用機会もあるということになれば、その地域にはさらに人口が集中することになる。サービス産業の拡大は、全国の隅々に人口を分散させるのではなく、拠点ごとに人口を分散させるのである。少なくとも過疎化が解消されるという方向ではない。

そしてこのスケールメリットという視点は、高齢社会における都市の姿を考える上でも重要である。高齢者が住むのは都市部であろうか、農村部であろうか。私は都市部であろうと考えている。核家族化と「少子化」によって、今後は高齢者だけの世帯が大きく増加する。それは高齢者に対するサービスの相当部分を公共部門が受け持たねばならないことを意味する。しかし一方で生産年齢人口比率が大きく低下するから財源の増加は期待できない。したがって公共部門も高齢者サービスの効率化を図らざるを得なくなり、先ほど述べた民間のサービス産業と同様の事情が発生する。つまり公共部門は、スケールメリットの観点から、人口密度が高く、労働力も得やすい都市部に高齢者のための公共施設を集め、高齢者は利便性を求めて都市に集中するという方向が考えられるのである。

例えば、シカゴなどでは年齢階層による住み分けがみられる。若いうちは利便性から都市部に住むが、結婚して子供が生まれると、子供のためによりよい住環境を求めて郊外に移転する。それに応じて公共部門も教育施設を郊外に重点的に整備している。やがて子供が独立し高齢者だけになると、都市部に移住する。公共部門が高齢者のための公共施設を都市部に集中させていることに加え、民間のオフィスビルを含め高層階を住宅にするなど安価で良質な賃貸住宅を提供しているからである。

そして今後の日本でも高齢者の都市への集中という方向が生まれれば、都市経営や都市設計のあり方も変わらざるを得ない。高齢者に対するサービスは住宅と医療・介護さえ用意すればよいというものではない。高齢者が生活そのものを楽しめるような環境を整備することこそ求められる高齢者サービスであろう。第四章で紹介するように、西ヨーロッパの小都市においては、車が排除され、広場とさまざまなアメニティー施設、さらには小規模な商店や飲食店が集中した空間が都心部に配置されている。そしてそこでは高齢者だけでなく、たくさんの幼児とその親が楽しそうに時間を過ごしている。それは、日本の都市が今後進むべき一つの方向を示唆していると思われる。

## 政治過程の分散化

人口減少社会では、国民の意思決定過程つまり政治過程においても分散化が強まることが考えられる。具体的には政党の多党化である。一九九三年の衆議院総選挙前後から、多くの少数政党が生まれ、離合集散を繰り返しており、それを政党の多党化とする見方もあるが、今後予想される政党の多党化はより広汎なものであって、そこでは一つの政党が過半数を占める可能性は大幅に低下するであろうと考えられる。

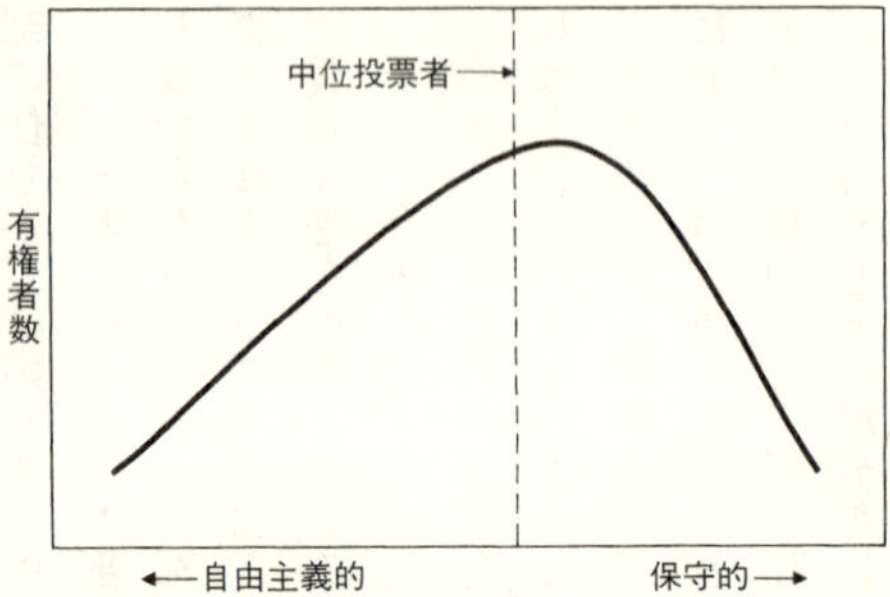


**第20図**　ダウンズ・モデル.

ではなぜ人口減少社会では政党は多党化すると考えられるのだろうか。それを説明するために、まずアメリカの政治学者アンソニー・ダウンズの政治理論を紹介する。ダウンズは、政党の行動基準はいかに多くの票を獲得するかにあるとした上で、最大の票を得る方法は、有権者のさまざまな意見のうち、数のバランスにおいて最も中間的な意見を持つ有権者（中位投票者という）に照準を合わせた主張を展開することで

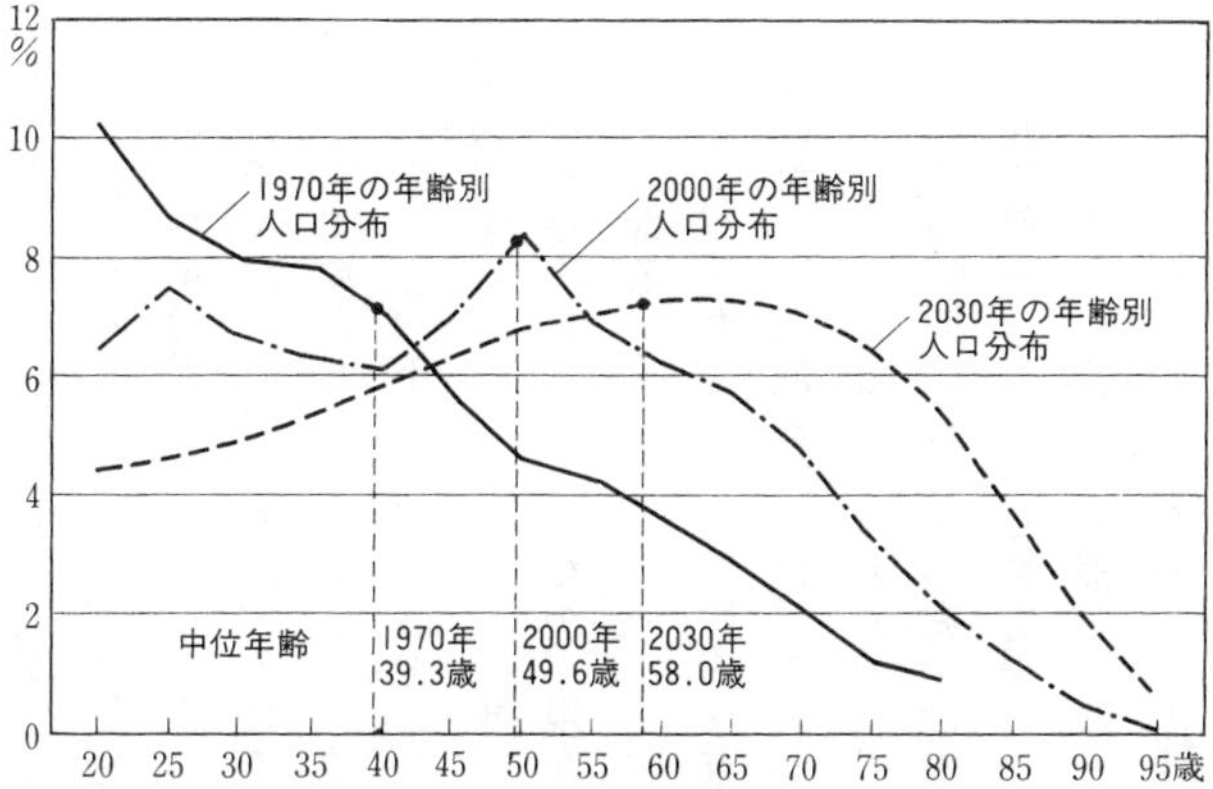


**第21図**　人口高齢化による中位年齢の変化.

あるとした。その理由を第20図で説明しよう。いま有権者の意見は、極端に保守的なものから極端に自由主義的なものまでさまざまであるとし、その場合両極端の意見を持つ人は少なく、中間的な意見を持つ人が多いという、図のような意見の分布であるとする。そして、その意見より自由主義的な意見を持つ人の合計とその意見より保守的な意見を持つ人の合計が等しくなるような意見、つまり中位投票者の意見が点線のところであったとすると、そこでは、中位投票者の意見に照準を合わせつつ、その周辺の意見も踏まえた主張を展開した政党が最も多くの票を獲得できることがわかる。

この理論を用いて人口減少が政治過程に与える影響を考えてみよう。前提として有権者の意見は年齢階級によって異なるとする。例えば年齢階級が上がるに従い、保守的傾向が強まるといった前提である。もちろん有権者の意見は年齢だけで決まるものではないが、意見を決定する最も大きな要素の一つではあろう。第21図は、五歳ごとの年齢階級別人口の全人口に占める比率を、一九七〇年、二〇〇〇年、二〇三〇年についてみたものであるが、人口の山が右へ移動しているのがわかる。そして、その年齢を境に左右同数となる年齢つまり中位年齢を計算してみると、一九七〇年には三九歳であったのが、二〇〇〇年では四九歳となり、二〇三〇年には五八歳となる。先ほどのダウンズの理論を適用すると、いまから三〇年前には、三九歳前後の人々の意見に照準を合わせた政党が最も多くの票を獲得できたが、現在ではもう一〇歳年上の層に照準を合わせた方がよいということになる。

実際に、一九七〇年頃の政府・与党は、低下し始めた経済成長率を元に戻そうと躍起になっていた。三九歳といえば、これから管理職に昇進しようかという年齢である。しかし成長率が低下することは、それだけ会社の規模の拡大スピードを鈍らせ、そのチャンスを少なくする。この時期、政府・与党だけでなく、野党も一致して経済の拡大を主張したのは、それが三九歳前後の人々の支持を得るのに最適な主張だったからに違いない。

しかし現在の各党の主張をみると、表面的には経済の構造改革を唱えつつも、実質的には、非効率であるために、あるいは需要構造の変化から衰微していかざるを得ない企業を、いかに延命させるかという点に力点が置かれている。不良債権処理に公的資金を投入してまでも政府が関与すべきであると与野党ともに主張するのは、銀行の「貸し渋り」を防止して、それらの企業を延命させることに主目的があるからである。そうした与野党の主張も、中位年齢が四九歳であり、その年齢はもはや転職の難しい年齢であることを考えれば合点がいく。四九歳前後の人々にとって、最大の関心事項は自分が現在勤務する企業の存続であろう。

　では中位年齢がさらに上がって五八歳になったときはどうか。その場合は前の二つのケースとは質的に大きな違いがある。その年齢ではすでに退職している人が多い。したがってその人々の政策への関心は企業がどうなるかではなく、これからの自分の生活に対して何をしてくれるかということであり、年金や健康保険制度、さまざまな公的サービスなどが関心事項となる。つまり中位年齢が一般的な就業年齢にある場合には、企業の維持・発展を重視する政策を主張していれば、企業経営者だけでなく、同時に多数の有権者の支持を得ることができた。しかし中位年齢が一般的な就業年齢を超えると、そうした政策だけでは必ずしも多数の有権者の支持を得られなくなる。就業年齢にある人の支持は得られるかもしれないが、その人たちは中位年齢からかなり離れたところに位置している、つまり従来より少数になっているから、国民の多数というわけにはいかない。では企業に重点を置く政策と退職後の人々に重点を置いた政策を同時に標榜すればいいかというと、その場合は、それぞれの政策が両立せず、整合性のある主張ができなくなる恐れがある。例えば現在行われている超低金利政策は、企業の支持は得られても、退職して貯金の利子が重要な収入の一つとなった人々の支持は得られない。

だから中位年齢が上昇すると、一つの政党が多くの国民の支持を得ることは難しくなる。もちろん国民の意思が分散化することが選挙結果にどう反映されるかは、選挙制度がどのようなものであるかによってかなり違ってくる。だから国民の意思の分散化が政党の多党化に直結するとは必ずしもいえない。しかし一つの政党が安定して過半数を制することは難しくなるとはいえるだろう。では企業の維持発展を重視する政党と高齢者を含めた国民福祉を重視する政党の二大政党制になるかというと、その可能性も高くはないと思われる。

まず企業の維持発展を重視するといっても、今後は、企業のなかでもどういった企業に照準を合わせるかによって、政策はかなり違ってくる。これまでは投資財産業を頂点とし、関連産業が裾野を形成するという産業構造であったから、その頂点の企業群に照準を合わせれば、他の多くの企業の支持も得ることができた。しかし今後拡大するであろう消費財産業やサービス産業においては、需要の多様性に加え、さほどの関連産業を必要としないことから、それぞれの企業はピラミッド的関係ではなく、独立した並列的関係となる。当然それぞれに利害が相反する局面も多くなるだろう。したがって政策提案も多様化せざるを得ない。つまり一つの政策提案で多数の企業の支持を得ることは難しくなる。

一方、国民福祉を重視する場合も、そうした政策の基本は所得再分配にあるから、どの程度の所得再分配を行うかによって、各所得階層・年齢階層の利害は大きく異なる。加えて人口の高齢化によって国民福祉に対する有権者の関心が高まれば、有権者は政策提案の内容やその違いをより厳密に認識するようになるだろう。だから政策提案にあたって、どの所得階層・年齢階層に照準を合わせるのかを明確にせねばならず、政策提案も多様化する。以上のことから、選挙制度にもよるが、基本的には政党が多党化する可能性は高いと考えられる。

では政党が多党化すると社会はどうなるだろう。それについては政党の数や、政党間の主張の開きがどの程度であるかなどによって違いが出てくる。しかし共通していえることは、まず社会としての意思決定にこれまでよりは時間がかかるようになるということである。問題の種類にもよるが、例えば二党間で意見を調整するのに比べれば、多党間の方がより多くの時間を要するし、多党化は政治過程におけるリーダーシップを低下させる。もちろん調整に時間がかかるのは必ずしも悪いことではない。国民の意思が分散しているのだから、時間をかけても一致点を探るべきかもしれない。しかし社会を取り巻く環境の変化が急速である場合には、意思決定の遅れが大きなマイナスを生むこともあり得る。

そしていま一つは政策の振れが大きくなる可能性である。多党化すれば政権を目指しての合従連衡が活発化する。それによって政権の交代が頻発し、政策や制度の改廃がしばしば行われるようになれば、社会の不安定性が増大することも考えられる。今後到来する人口減少社会は、そうした危険性をも併せ持つ社会であることを認識する必要があるだろう。

## 「競争」の変質

これまで述べてきた分散化の動きによって、社会は確実に変貌するだろう。しかしここでその変貌の全容を明らかにすることは難しい。社会は、経済に比べてはるかに多くの要因によって動き、そこにはなお不確実な部分も多いからである。したがってここでは、かなりの確実性をもって予想される、「競争」における変化について述べることとしたい。競争とは社会がもたらす利益の配分に関するシステムであり、社会のさまざまなシステムのなかでも中核的な存在である。だから競争における変化をみることは、変貌する社会の姿をイメージする上で大いに役立つものと思われる。

富や地位といった、社会が人々にもたらす利益は、一定の社会的ルールによって配分されるが、そこにはいわば配分基準が存在し、基準の上位に位置した者がより多くの利益を享受することができる。この点は、例えば専制国家であれば、社会的ルールにおける配分基準の頂点に位置する国王に多くの富と地位が集中することを想定すれば、理解できる。そして競争は、その基準への位置付けの過程で発生する。その場合一般的には、その社会的ルールが扱う利益が大きいほど、またその社会的ルールに参画しようとする人が多いほど競争は激しくなる。

だから人口が減少することは競争を緩和させる。例えば「受験競争」は一九七〇年代半ば頃から激化したとみられるが、それには競争に参加し得る年齢階級の人口が急増したことが大きく関係している。一五〜一九歳の人口は、一九六五年に一〇八〇万人とピークを迎えたあと急減し、一九七五年の八〇〇万人を底として、再びピークに達する一九九〇年の一〇〇〇万人に向かって急増している。しかし今後はその年齢階級の人口は大幅な減少を続け、二〇三〇年には四六〇万人にまで減少すると見込まれるから、受験競争は緩和の方向にあるとみることができる。

加えて受験競争は、それによって得られる利益という点からも確実に緩和すると考えられる。日本社会で受験競争が戦争と呼ばれるまで激化したのは、人材登用に関する社会的ルールが学歴を基準としたからである。学歴が高い人ほど優良な企業に就職することができ、就業年齢の全期間を通じて、より多い富とより高い社会的地位を享受することができた。しかしそれには終身雇用・年功賃金制が前提となる。そうした制度が前述のように崩壊に向かうとすると、学歴の高さは生涯の所得と社会的地位の高さを保証するものではなくなる。だから仮に人材登用に関する社会的ルールが引き続き学歴を主要な基準としたとしても、その社会的ルールが扱う利益そのものが従来より小さくなるのだから、その面からも受験競争は大きく緩和することが見込まれるのである。

今後の人材登用に関する社会的ルールがどのようなものとなるのか、確かなことはわからない。それは日本の企業が今後どのような経営戦略をとるのか、日本の教育がどのような方向に向かうのかによる。これからは能力主義になるという人もいる。そうであれば少なくとも有名大学への入学それ自体によって享受し得る利益は相対的に小さくなる。社会の高度化に伴い、必要とされる能力は専門的に分化する傾向が強まるとすると、入学後の教育とその履修の程度が人材登用ルールの基準として重要性を増すことになるだろう。つまり今後における競争の方向としては、人を押し退けて狭き門に入ることではなく、いかに自分自身のレベルを高めるかという質的に変化した競争に移っていくことが考えられる。

**市場競争の変質**

そうした競争の質的変化は市場競争においてもあらわれるだろう。日本の価格決定に関する社会的ルールは協調的寡占と呼ばれるもので、業界内の諸企業が互いに協定や取決め（通常は暗黙の了解）によって共同歩調をとり、業界全体としての利潤（その業界における企業の利潤の合計）を最大とすべく、価格を高めに決定することを目的としている。日本においては製品価格や金利は企業間・銀行間できわめて接近しているが、それはこの協調的寡占による面が大きい。そしてその場合、一般的には市場シェア最大の企業がリーダーになる。それをプライス・リーダーというが、その名の通りプライス・リーダーは自分に最も都合のよい価格、つまり自分の企業の利潤が最大となる価格を設定できる。一方その価格に従わざるを得ない他の企業では、その価格では利潤は最大にならないことが多い。したがってプライス・リーダーは、一般的には、業界としての利潤のうち市場シェア以上の割合の利潤を獲得できる。だから「協調的」というのは、業界の外に対して協調的行動をとるという意味であり、業界内ではそれなりに激しい競争が行われた。そしてその競争は市場シェア競争つまり売上高についての競争であった。

しかしそうした社会的ルールは、今後の経済の縮小傾向のなかでは崩壊せざるを得ない。業界としての売り上げが右肩上がりで拡大するからこそ、その社会的ルールに従う限り、各企業とも程度の差はあれ売上高と利潤の増加を享受できたのである。今後、協調的寡占体制が崩壊すれば、市場は自由競争となる。ただし経済は年々縮小していくのであるから、生産設備の適正水準も年々低下していく。その場合の設備投資計画は非常に難しい。売り上げの予測が大きすぎれば遊休設備を抱え込むが、経済が拡大している場合のように、売り上げの拡大によっていずれは遊休状態が解消されるというようなことはない。だから市場の先行きを正確に読んで、それに適合した設備投資計画を立てたものが勝ちである。つまり縮小経済における自由競争とは、自分の企業をいかに適切にスリム化できるかという競争である。また今後の消費の拡大の過程で需要が多様化すれば、その需要動向をいかに正確に把握し、それに合わせた技術をどれだけ開発できるかが企業経営のカギとなる。受験競争の場合と同様に、他の企業を押し退ける戦いではなく、自分自身との戦いである。

**売上高の競争**

社会の分散化が従来の意味での競争、つまり売上高による競争を激化する方向に働くであろう分野もある。例えば大手総合建設業いわゆるゼネコンの分野である。そうした巨大な元請けがなぜ生まれたかは、社会の集中化と大いに関係がある。背景となるのは日本の公共事業の大きさであるが、公共事業の規模が大きいだけではゼネコンは生まれない。もし公共事業の決定権が全て地方自治体にあったら、地方ごとに、比較的小規模な建設企業が群立したはずである。決定権が国にあるからこそゼネコンは生まれたのである。

現状では補助事業はいうに及ばず、地方単独事業についても実質的に国が決定しているケースが多い。そうした公共事業の決定権が国に集中しているのは、経済と人口の特定地域への集中によって、地方自治体間の財源格差が拡大し、国が地方交付税交付金を含め補助金を用いて財源調整をせざるを得ないという事情があったこと、およびナショナル・ミニマム（全ての国民が享受する権利をもつ最低限の生活水準）の観点から、必要な公共施設を各地域に統一的に整備することを政策目標としたことなどが、その理由として考えられる。その結果、公共事業における予算獲得競争は国の政治行政過程のなかでのみ行われることとなった。そうなると地理的にみても全ての建設会社が競争に参加するというわけにはいかない。その結果、建設会社の系列化が進み、その代表が国の政治行政過程のなかに入り込んで競争を行うという形が生まれた。それがゼネコンである。

前述の協調的寡占との違いは、指名競争入札制度によって競争への参加者が法制度的にきわめて限定されているところにある。したがってプライス・リーダーという方法ではなく、「談合」という直接的な方法がとられることも多かったが、協調的寡占の場合は少なくともリーディング・プライスの決定過程では市場メカニズムが不十分ではあるが働いているのに対して、談合の場合は全く働かないといってよい。それだけ資源配分の最適性の観点からは弊害が大きいのである。

いまやゼネコンは軒並み経営が悪化し、その救済のために公共事業の拡大や金融緩和が叫ばれ、現実にも政策を決定する要素の一つとなっているが、いうまでもなくそれを国政上の問題としたのは長年にわたるゼネコンと政治家との結びつきであり、それが市場競争を通じた産業・企業の整理淘汰を阻み、日本経済の効率化を遅らせている。しかしこの公共事業の決定およびその基盤たる補助金による国の統制という社会的ルールはなかなか崩壊しそうにない。社会的ルールは、その中核に位置する人々（この場合は政治家）が社会的に大きな力を持ち続ける場合には、状況の変化にもかかわらず長らえ続ける。それが既得権益と呼ばれるものである。

しかし経済と人口の地理的な分散化が進んで地方自治体間の経済格差が縮小し、また人口の高齢化によって、人々が経済・産業政策よりも社会福祉政策に強い関心を持つようになれば、公共事業の決定権が地域に分散化することが考えられる。それによって現在の公共事業に関する社会的ルールは崩壊し、そうした既得権益は消滅するだろう。そのとき競争は激化する。その地域の建設企業に加え、隣接地域の企業、さらにはゼネコンも競争に参加するだろうから、競争者が急増するのである。それは当初は売上高の競争であろう。日本の建設業は基本的には元請けシステムである。元請けは必ずしも多くの機械設備を持たず、下請けが機械設備を持つケースが多い。つまり今後公共事業も経済の縮小に応じて縮小に向かうであろうが、元請け同士の競争においては、前述の適切な設備投資計画によるスリム化というメカニズムが働きにくいのである。もちろん最終的には下請け段階で機械設備水準の適正化が進み、それが元請けの競争に反映されることも考えられる。

今後の国民福祉の向上には、なお整備が必要な公共施設も多い。一人あたり国民所得が横ばいのなかでそうしたストックを形成していくには、事業の効率化が不可欠である。当初は売上高の競争であれ、それは望ましい方向であると思われる。

## 3　医療制度の将来

医療や介護の供給機能は社会保障の一部として先進国では避けて通れない社会の基礎構成部分である。人口減少社会は高齢社会でもあるため、医療や介護システムの整備は将来の社会を安定に保つための必須条件である。先進国のほとんどが医療介護費を社会保障費ととらえ、公的な資金でその大半をまかなってきた。経済成長が減速し、下降局面に入ると、医療や介護の費用をどうまかなうかが政策上の大きな課題となってくる。

一方、医療技術は一九八〇年代から急速に進歩し始め、多くの病気は治療の可能性が見え始めた。しかし人工臓器、臓器移植、遺伝子治療などの先端治療技術は現在のところいずれも高額の医療費が必要で、死の淵にある患者の救命につながるため、いかに高額でも支払う必然性が主張され、医療費が急騰する大きな要因となり始めた。国民全てに最先端の医療技術を提供することは、現在の公的医療制度のなかではもはや不可能と予測される事態になった。

このような状況のなかで、国民経済の枠組みのなかにある医療費は、本来は一九九一年頃から始まった経済成長率の急速な低下とともにその伸び率を抑える必要性があった。それにもかかわらず、医療費はこれまで毎年四~六%増加し続けた。日本経済の低迷がほぼ一〇年続いた現在、このままで行けば医療システム内の全ての仕組みは経済的に崩壊に瀕するといわれるまでになった。現実に多くの企業が組合管掌健康保険から脱退し、その受け先でもある政府管掌健康保険の積み立て基金額すらも二〇〇一年に赤字となったのはその象徴ともいえよう。政府も重い腰をあげ、医療費を公的に支払うための保険料率の増加や患者の自己負担を増加させようとし始め、二〇〇三年から保険料を支払っている本人の受診時の自己負担を三〇%にするなどの改正が始まっている。

しかし高齢社会はすでに三〇~四〇年も前から予測されたことであって、その時代にはすでに高齢者には医療費が多くかかるということが認識されていた。だからこの結果は行政の見通しの甘さと医師や健康保険の支払い者側の見通しの甘さを示しているにすぎない。

しかしここで述べるのはそのように相手を非難する話ではなく、どこの国でも起こり得る人口減少とそれに伴う高齢者の増加が、医療経済にどのような影響を与えるかということである。それを分析することは人口減少社会の社会保障の基礎として最も重要な医療システムを、将来どのように設計するかを考える材料ともなるからだ。

### 人口構造の変化

医療費は個人あたりの一回の診療費と年間受診回数と人口によって決まる。したがって人口の動向は医療費に大きな影響を与えることになる。人口が増加している時代には医療費は人口増の分だけ増加してもよいはずで、それは同時に生産する人口の割合が時代を通じて一定ならば、租税収入が増加することになり、収支相償うことになる。

しかし人口が減るという事態になれば、租税収入は減少し、その分だけ医療費は下がらなければならないことになる。さらに人口が減るという事態は人口構造の高齢化を意味している。高齢者は若年者より病気を持つ率が高い。高齢化が進むことによって、人口が同じだとしても、高齢者の多い人口構造の方が余計に医療費が必要となるのは当然のことだ。現在医療収支が不均衡となっている要因を人口の高齢化に求めているのはこのためだ。

しかし人口の将来推計をしてみると、高齢化率はやがて三〇％に近くなってそれ以上あまり高くはならない。二〇三〇年以降の日本がこれにあたると予測されるが、このときに医療費はどうなるのだろうか。このような時代でもおそらく日本社会はいまの低い出生率を維持するであろうから、人口は減り続けることになる。人口が減れば、医療費を支払わなければならない公的医療保険者（健康保険組合）の理屈からいえば、当然医療費は削減されなければならない。人口の増える国、特にアメリカをみて医療費は増加するものだと決めてかかっている主張もあるようだが、医療費は患者数だけからいえば下がることもある。

さらに人口学的な問題からいえばもう一つの重要な要素が加わる。それは医療費を誰が負担するかということである。この三〇年間で六五歳以上の人口は五割増し近くになる。これに比べて生産年齢人口といわれる二〇〜六四歳の人口は増加せず、全人口に占める割合は六割以上から五割強に低下することが予測される。医療費が全く年齢に関係なく均一に必要となるのならば、これを働く人の頭数で割った医療費負担は五割以上増えることになる。医療費を負担しない一九歳以下の被扶養者は減少するため医療費負担は減少する部分もあるだろうが、おおよそでいえば五五％の人が四五％の人を支えるという原則が、これから三〇年間は維持されるということでもある。

もう一度正確にいおう。三〇年経って獲得できる高齢化率が安定した社会でも、医療保険は比較的短期に収支のバランスを達成させるように設計されるのが常だから、需要からみた医療費負担も支払い側からみた医療費負担も、四五％の被扶養者対五五％の扶養者という形式で収支バランスがとれればよいということになる。そして、そのための医療費の成長率は年率一・五％程度になる。

## 医療需要の増加

医療需要の増加について詳しく検討してみよう。国民皆保険が進んだわが国ではどの医療に対してもほとんど公的な保険が適用され、必要な医療は年齢に関係なく誰でもどこででも受けられるという制度になっている数少ない国の一つである。先進諸国で年齢別の医療費を調べてみると、高齢者ほど医療費が多くかかっている。その背景には医療を受ける制限がなければ年齢が高くなるほど医療機関にかかる率が増えるという現実がある。

年齢を加えると体のあちこちの部品が消耗し、さらにいわゆる成人病や生活習慣病というような、ある異常な生活習慣のもとで長い時間をかけて使ってきた生体の各種臓器の不具合が加速されて起こる病気になる率が高くなる。消耗性の病気はほとんど治ることがなかったから治療もあまりしなかったが、今日ではそれらの多くに対して、その症状をなくし延命させるのに多くの技術を用いる。したがって人口構造の高齢化により高齢者の比率が高まり、それに比例して病人の数が増えれば、それだけ医療費がかかるということは至極当然のことと理解される。

以上のことから、人口構造の変化に伴う医療費の分析については、二つの側面を考えなければいけないことがわかる。

第一の点は、高齢者の数が増えるとその分だけ患者の数が増えるということだ。厚生労働省の国民医療費統計ではこの部分に人口増による部分を加えて、人口構造の変化による医療費の自然増分と考えている。

もう一つの観点は、医療技術の発展により高度の検査や治療が可能になりそのために医療費が年ごとに増加するという側面である。医療費の増加を経済成長にたとえれば、この部分は技術進歩率にあたる。

**医療費は自然に増加するか**

それでは医療需要の面から医療費の自然増分について調べてみよう。

実際にこれから三〇年間人口の減少に従ってどのように患者の数が変わることになるのだろうか。もし国民が医療機関にかかる率（受療率）が一九九九年のままで続くとして、厚生労働省の患者調査から将来の患者数を試算すると、患者数の極大値は二〇二〇年頃にきて、二〇〇〇年の患者数の二割強増し程度となる。二〇三〇年でも二〇〇〇年の約二割弱多い数の患者がいることになる。人口はこの間二〇三〇年までに約一一・六％減少するから、実際

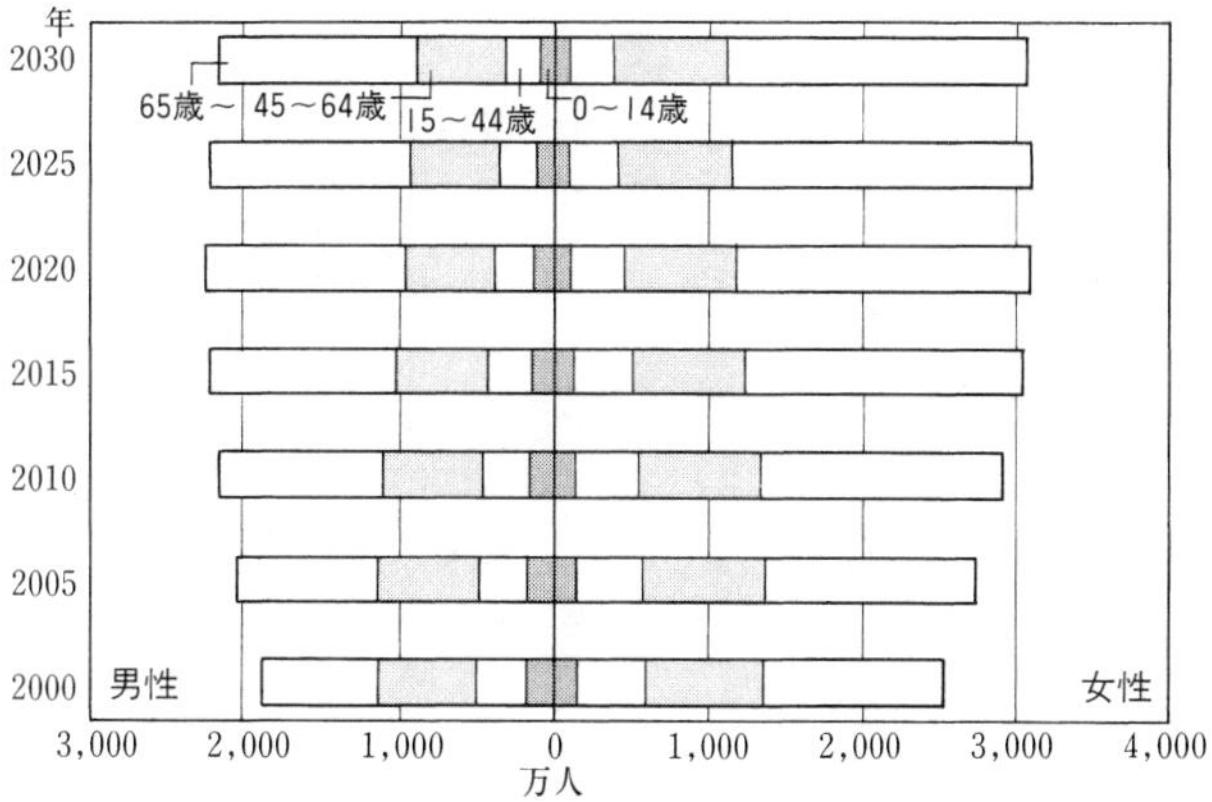


**第22図**　一日あたり患者数の推計（厚生省統計情報部「日本の疾患別総患者数データブック」1993年より推計）．疾病別総患者数＝入院患者数＋初診外来患者数＋再来外来患者数×平均診療間隔×調整係数（6/7）．

には日本人一人あたりで三割強の患者数が増加することになるといえよう。これが入院患者になると男性で三割強、女性で六割六分増加することになるが、この間に人口が減っていることを考えに入れれば人口あたりでの入院患者数は五割以上現状より多いと考えなければならない。そしてこの患者総数も入院の患者数も、その増加率のほとんどの部分は六五歳以上の人口で占められている（第22図）。

国民一人あたりの年齢別の医療費の統計を使って、人口推計から年齢別に医療費がどれだけかかるかを推計してみると、六五歳以上の人たちの医療費は二〇二〇年に極大値に達しそれから減少することがわかる。七五歳以上の医療費も急増するが、これは二〇三〇年でもなお増加を続け、極大値に達するのは二〇三〇年より後である。七五歳以上のいわゆる後期高齢者の医療費はこの三〇年間を通じて増加を続ける。一方働き盛りの四五～六四歳のあいだは医療費はほとんど総額で変化することはなく、「団塊の世代」とその子供たちの世代がこの年齢を通り過ぎるたびに少し医療費が上昇する。四四歳以下の世代と一四歳以下の小児の医療費は現状のままいけば、人口の減少に従って漸減する。これからの医療費の増加は、現状のシステムでは六五歳以上の高齢者層の増加による（第23図）。

国民医療費は一九九九年に一人あたり二四万四一八〇円、総額で三一兆円だった。このまま現状のシステムのもとで医療費が増加を続けると、一九九九年の実質価格換算で二〇二〇年頃に極大値に達して四〇兆円を超え、三〇年後の二〇三〇年には三八兆六〇〇〇億円程度となるはずである。

ただしこの推計はあくまで人口の構造が変化したために起こる医療費増である。いわば医療という需要関数の自然増分であるということができる。また、二〇〇〇年度から医療費の一部が介護保険制度の出現により介護保険の範疇に入り始めているので多少の推計変更が起こることはやむを得ない。しかしそれでも現在出ている多くの医療費の将来推計はこれよりも高いものが多い。例えば日本医師会の予測によれば、二〇一五年には六〇・二兆円になると報告され（社団法人日本医師会「医療構造改革構想」二〇〇一年三月）、厚生労働省の推計で

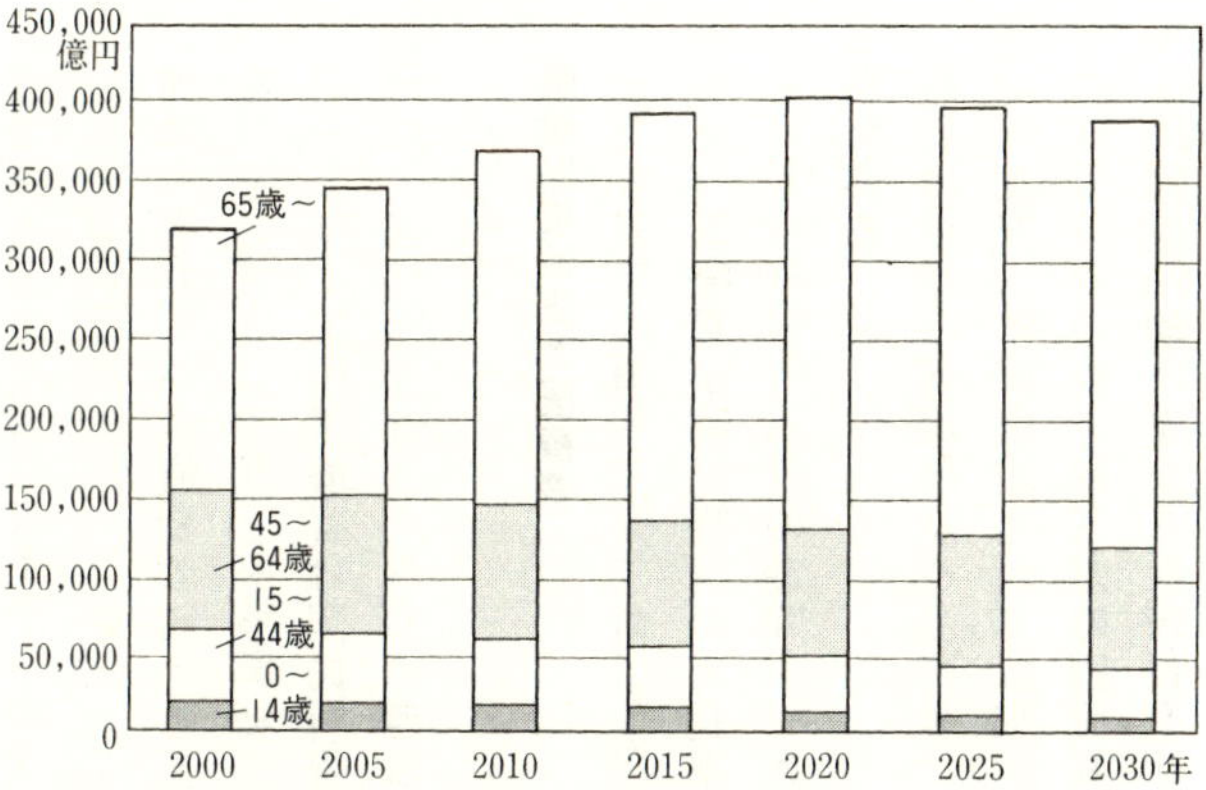


**第23図**　医療費の推計（厚生省「国民医療費」1999年より推計）.

も二〇一五年には五七兆円を超え、二〇二五年には八一兆円近くなると推計されている（厚生労働省高齢者医療制度等改革推進本部事務局「医療制度改革の課題と視点」二〇〇一年）。これらの予測には医療が常に技術進歩をし、より高価な医療技術が取り入れられ、医療職員の生産性も向上することで給与も上がり、労働時間が短くなることなども計算に含まれていると考えられる。

**医療費と国民所得**

さて一方、医療費を負担する側の条件をみてみよう。医療費の支払いは、主として医療保険拠出金（健康保険料など）と企業が医療保険雇用主負担の形で負担をし、この他に一部を個人が自己負担している。その原資となるのは、生産によって生み出された所得、つまり労働者と企業の所得の合計である国民所得（NI）であり、医療費と相関をとる国民経済指標として用いられている。

国民所得のうち医療費の占める割合を調べてみると、一九九九年では八・一九％を占めている。そして人口予測と医療需要予測を組み合わせて、自然増分だけを認める予測をすると、二〇一五年に国民医療費は国民所得の一〇・三一％、二〇三〇年には国民医療費は国民所得の一二・三〇％となり、多くの西欧先進諸国の示す今日の値よりも高くなることがわかる。

## 医療制度改正と医療費

一九五五年（昭和三〇年）以来の国民所得の年増加率と国民医療費の年増加率の関係を眺めると、医療費が国民経済の成長率以上に増加した時期が三期存在している。それは少なくとも一九六一～六八年の期間、一九七四～八〇年の期間、そして一九九二年以降現在までの三期である。

最初は企業の健康保険や公務員の共済保険のみであった公的医療保険は、国民健康保険制度が一九五八年に創設されて以来、全国民を対象に医療費の給付率の向上に努め、一九六一年には医療費の給付率五割の国民健康保険が全国に普及し、国民皆保険が達成された。その後国民健康保険に属する世帯員全体の給付率が七割を超えるのに一九六八年までかかっている。この期間、国民所得は一四％以上の名目成長を達成したが、医療費はその割合以上に増加した。その増加分は、給付率の向上によって医療にかかりやすくなったため医療需要が増大したことを反映していて、国民皆保険システムの確立に役立ったといえよう。

一九七四〜八〇年の期間は、一九七三年の老人福祉法による七〇歳以上の老人医療費の無料化によるところが大きい。この結果、一九七四年には国民健康保険の累積赤字は三〇三三億円を超え、国民健康保険は事実上破産状態になった。一九七五年頃まで続いた年一〇％以上の一人あたり国民所得の成長率は、すでに一九七三年から下降期に入り、これに追随するように医療費の増加率も低下を始めた。しかしその下降率は常に医療費の方が低かった。これが医療費の対国民所得割合の増加をもたらした二回目の時期にあたる。一九八二年頃から一人あたり国民所得の成長率は年五％以下となり、医療保険制度の改革が始まった。一九八三年の老人保健法の実施と同じ頃、保険制度間の保険料収支のアンバランスが目立ち始めたこともあり、制度改革の一案として、健康保険制度間の支払い保険料の分担調整が本格的に始まった。

そして問題の一九九二年以降である。バブル経済のさなか収支均衡を保っていた医療経済は、一九九二年からの日本経済の失速にもかかわらずそれ以後も年四％近くの成長を保ち続けた。一九九九年でも国民所得の成長率と医療費の成長率のあいだには三％程度の差がある。

しかも医療費の成長はそれが公的社会保障制度に支えられ、政策的に増加を止めにくい状態が続いている。しかも一九七四〜八〇年の期間と異なり誰も明快な政策提案を示せないでいる。

これらの期間を経るたびに国民所得に対する医療費の割合は増加した。一九六五年に国民所得のわずか四%にすぎなかった医療費は三五年後の現在八%を超えている。前述の日本医師会や厚生労働省の推計は、単純な傾向線と同じ推計を示し、二〇三五年には現在の倍の一六%に達し、今日のアメリカ並みの値となる。

### 家計への重い負担

すでに述べたように国民医療費は今後も増加を続け、それを支払うための国民所得に対する割合も増加を続ける。いままではその増加を吸収する国民所得の増加があったからこそ対応が可能だった。しかしこれからの国民所得の増加は期待薄である。

一人あたりの国民医療費は高齢化の影響を受けて自然に増加を続ける。家計では医療費の増加により他の消費の抑制が起こるか、予定していた貯蓄の減少が起こる。家計の消費と貯蓄の合計は家計可処分所得と呼ばれる。一人あたりの可処分所得の増加があれば個人あたりの医療費の増加も可能だ。いままでの経過をよくみれば一人あたり国民所得と一人あたり可

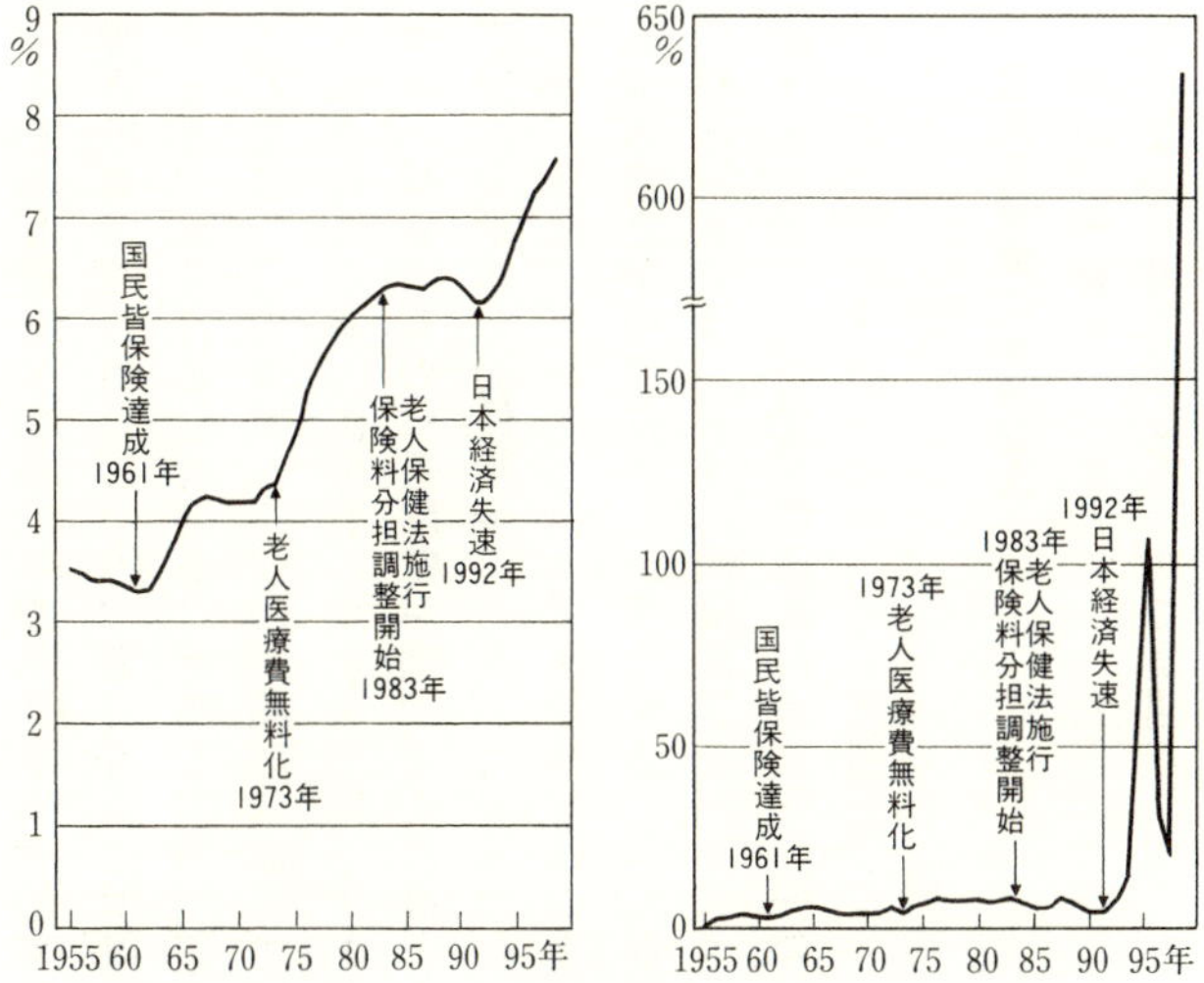


**第24図**　国民所得に占める国民医療費の割合（左）と，国民所得の増加分に占める国民医療費の増加率（右）．1995年には国民所得の増加分が全て医療費につぎこまれ，1998年には国民所得の増加分の9倍にもなった．

処分所得はほぼ並行して増減が起こっていることに気がつく。経済が成長すれば一人一人の国民の所得も家計可処分所得も増加したのが過去の経過だ。国民所得総額の成長率は、前記の長期推計が示すように二〇〇九年からマイナスとなる。二〇〇二〜二〇〇八年の成長率も一％以下で、年々低下すると予測されている。一方、一人あたり国民所得は人口が減少するために二〇〇九年以降も成長を続け、二〇一四年にマイナスとなる。一人あたりの可処分所得が増加することは、今後は期待できないことになる。

さて一人あたりの家計可処分所得は一九九九年に二七〇万円強で、一人あたりの年間医療費負担は二四万四〇〇〇円、家計可処分所得に占める割合は九・〇四%となる。前年と比較すると、家計可処分所得が二七四万円弱で三万四〇〇〇円ほど減少した一方で、医療費は二三万五〇〇〇円強で八四〇〇円程度増加している。

収入の増加率と医療費の増加率が同じであればある程度納得できるかもしれない。しかし所得が減少するのに医療費が増加するのはどうみても納得がいかないだろう。その増加する部分の大半が公的保険金から支払われるのだ。保険料率は法律で定められているから、医療費用が増加したからといって保険料をおいそれと増額させることはできない。つまりは保険基金の積立金の取り崩しが発生する。もし保険料を上げなければ、低所得の高齢階層の多い医療保険基金は、途端に保険積立金が底をつくことになる。現実に比較的小規模の企業の健康保険を扱う政府管掌健康保険は二〇〇一年に積立金が底をつき、このままでは支払い不能になることが予測されている（第24図）。

### 国民医療費の増加要因

国民医療費は、一体どのような要因で増加してきたのだろうか。その分析は正確にはされていない。現存するデータで公開されているのは、厚生労働省の発行している国民医療費の

付属資料に医療費の構成要因の部分が示されているだけである。そこでは医療費の増加要因の項目は、

（一）人口が増えた分によって押し上げられた増加率
（二）人口が高齢化したために押し上げられた増加率
（三）診療報酬の改定によって医療費が増減した増加率
（四）それらで説明できないその他の誘因による増加率

の四つの要素が提示されている。そして、これとともに、国民所得の増加率との対比が描かれている。このうち（一）と（二）は前の項で推計したように人口構造の変化による医療費の医療需要の自然増分とみなされる。医療需給体制が現状のまま固定されて推移したときの自然増である。この部分は住民が享受している社会サービスと考えられるから、その枠組みを変えることは容易ではない。経済学でいえばこの部分は基礎消費にあたり、医療における基礎的需要といえよう。（三）と（四）に関しては次項で述べる。

ここでは経済の考え方の基本は国全体の総額ではなく個人にあるとしよう。医療は明らかに患者という個人を対象とし、最初から個人が所属する地域を計画と実行の場と考えてきた。したがって、全ての分析を国民一人を単位として考えることにする。そのような目で国民医療費を眺めるとどのような未来が見えてくるのだろうか。

## 医療費の増加をどう止めるか

それでは医療費の増加を止めることができるのだろうか。それには医療費が過去にどのような成長をしてきたかを分析してみればよい。ここではその成長の原因を、人口構造の変化による医療費の自然増にあたる部分と医療自体の生産性の変化にかかわる部分（技術進歩率）に分けて考えてみることにしよう。

厚生省（現厚生労働省）統計の国民医療費（一九九九年）には一九八五〜九九年の医療費増加率の内容が記載されている。このうち「（一）人口の増加による医療需要の増加」と「（二）人口構造の高齢化による医療費の増加」は医療費が本質的に持つ需要増であり、技術の水準の変化によらず起こる必要なサービス部分の増加、いわば自然増にあたると考えられる。現実に一九八五〜九九年ではさほど大きな医療制度の変更は起こっていないため、この約一五年間で年率一・七％から徐々に上昇し、現在は二％程度を示している。医療費は放置しておいても年二％近く増加してきたのである。

一方この統計に示された「（四）その他の理由による医療費の増加」と「（三）診療報酬の改定による医療費の押し上げ分」は、ある時点で医療というシステムに投入された外部要素によって医療費を押し上げたために起こった増加率とみなされる。

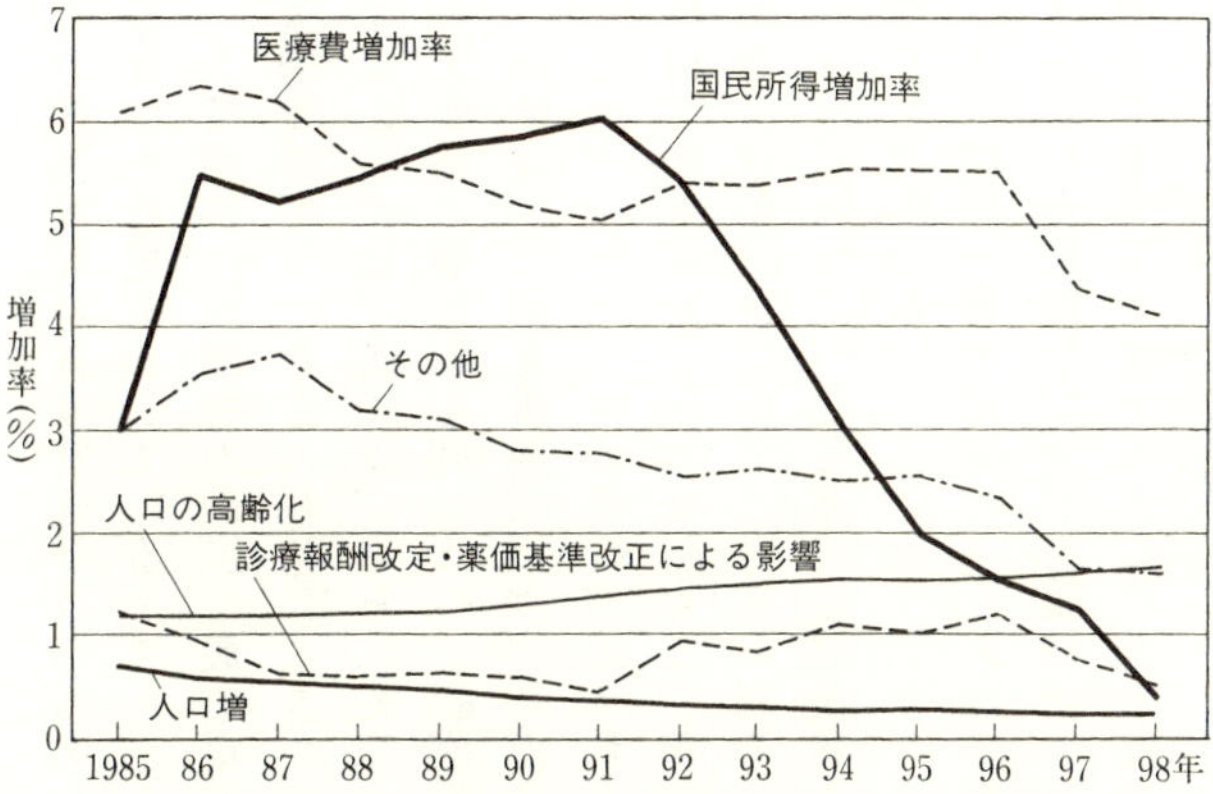


**第25図**　医療費の増加要因（厚生省「国民医療費」1999年より）．人口の高齢化と人口増の和が「自然増加分」，その他と診療報酬改定などによる増加率の和が「技術進歩率」となる．

例えば、新しい診断治療技術が登場し健康保険で採用になって医療費に新しい項目が付け加えられた場合や、医療に新しい職種が登場し従来と異なった労働力が加わった場合、さらには新薬が登場し治療費が大幅に外部産業に流出した場合などである。この部分は技術進歩や生産性の向上と関連があるため技術進歩率と呼ぶことにする。

この技術進歩率は一九九五年まで年率三〜四・五％の増加を示し、国民所得の成長率の低下に約五年遅れて低下を始めた。このため国民所得と医療費の成長率のあいだに一九九二年から年率で約三〜四％のギャップが生じた。医療技術の絶えざる進歩はこの成長率を押し上げ、医療システム外部の産業へ医療費を投入する役割を果たしているといってよい。日本医師会が年率四％程度の医療費成長は必須としているのは、自然増二％に技術進歩率の成長二％が加わることを根拠としていると思われる（第25図）。

さて過去の医療費の経過で最も重要なことは、政府が国民所得の増加率の度合いに応じて医療費の増加率を常に調整してきたという経緯があることだ。それも医療需要の自然増加が常にあったわが国では、さらに約三～四％の技術進歩率を加えた上で、国民所得の伸び以内に医療費の増加率を抑えるべく診療報酬改定を行ってきた。

医療経済の最も重要な点は、このような方式で医療費を算定し将来のつじつまを合わせることが、一九九二年に破綻を迎えたということだろう。一九九二年に医療費の増加率が国民所得の増加率を上回った時点で、確実に算定できる自然増のみを認め、それ以外の技術進歩率を下げるべきだったと考えられる。もし医療システム自体の調節機能ではこの技術進歩率を下げられないのならば、診療報酬改定をあえてマイナスにしてでもこの部分を抑えなければならなかった。

さらに、一九九五年に一人あたりの国民所得の増加率は二％を割るに至った。この時点で医療費の自然増を抑える方策が出されてしかるべきであった。医療費の自然増の部分が国民所得の増加率でまかなえなくなったのであるから、医療構造を変えざるを得ない事態が来たと考えるのが正当である。このような分析をもとにこれからの医療費の推移をいくつかの案で占ってみることにしよう。

## 医療システムの未来

まず例示のために三つの場合を考えてみよう。

第一のケースは医療需要の面を強調した予測をあげる。このケースは現在の医療体制をそのまま何の変更もなく維持し、医療需要の自然増の成長のみを認めた場合どうなるかという予測である。過渡的な人口減少社会では、このケースですら医療システムの維持が困難と考えられるからである。

第二のケースでは第一のケースに技術進歩率二％を加えた予測を示す。現在医療政策を供給側から考えている厚生労働省や日本医師会の考え方に近いケースである。医療費増加は国民の需要増と技術進歩などによる増加の両者から起こると考える。

第三のケースは日本経済の成長率以内に医療費の成長率を止めようとした場合の推計をあげよう。これは医療のかなりの部分を公的に支える政府や医療費の支払者側（ことに企業）の考え方に近い立場での推計である。

国民医療費の推移を三ケースに分けて眺めると、第二のケースは過去のトレンドをまっすぐ伸ばした推計と一致する。国民医療費は二〇一五年で五三兆円、二〇三〇年には七一兆円となり、二〇〇六年には国民所得の一〇%を超え二〇三〇年には現在のアメリカ以上の二二・六%に到達する。

第一のケースでは二〇〇〇年から国民医療費の成長率は急速に低下するが、医療費そのものは二〇〇〇年の三一兆円(国民所得の八・四二%)から二〇二〇年まで緩やかに増加して四〇兆円強(国民所得の一一・一%)に達し、その後人口に占める高齢者の割合が三〇%で安定するとともに高齢者の人口減少が寄与して低下を始める。

第三のケースでは国民所得の成長率がプラスのあいだは国民医療費も成長を続け、二〇〇七年頃に三二兆円弱(国民所得の八・一九%)でピークとなる。その後は減少に転じ、第一のケース、第三のケースのいずれも国民医療費は西ヨーロッパ諸国並みの対国民所得比となる(第26図)。

いずれの推計も二〇三〇年までを予測しているが、国民全体を相手にした推計で国民一人あたりを考えていない。人口減少社会では国の経済の総枠は減少するが、国民一人あたりの経済規模は必ずしも減少するとは限らない。前記の長期推計でも、一人あたりの国民所得は二〇一三年まではプラス成長で、それ以後減少に転ずる。医療費を支えるのは家計であり、健康保険の企業支払い分も国民経済計算では家計所得に割りあてられているから、ここでは一人あたりの家計可処分所得に対する一人あたりの医療費割合の推計を使って分析を行うと、

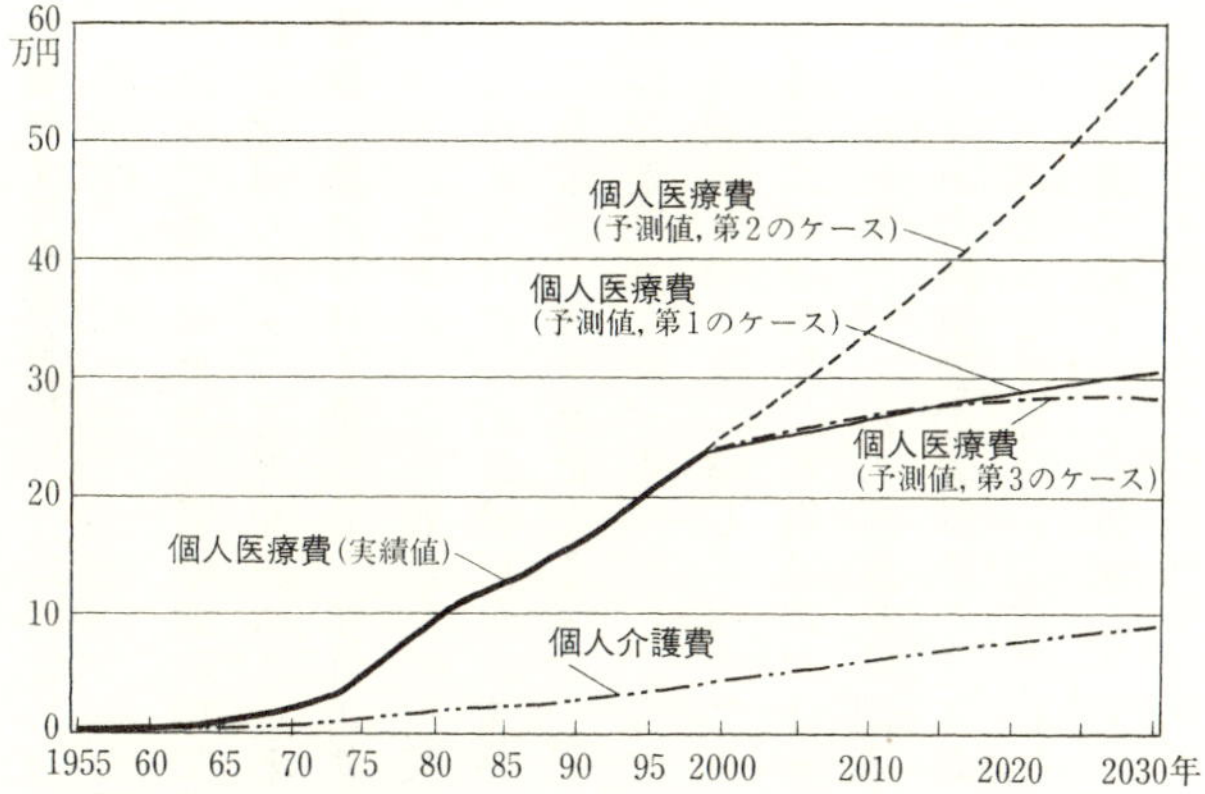


**第26図**　個人医療費の推計.

この三ケースの問題点がよくわかる。

推計によれば、一九九九年から二〇〇二年までの一時的減少期を除けば、二〇一三年頃から一人あたりの家計可処分所得の減少が予測されるが、この時点から医療費の増加は家計可処分所得のなかの医療費の割合を急増させる原因となり、それまでに新しい社会構造とそれに伴う経済の仕組みがつくり上げられなければ、非常に不安定な未来がくることも予測される。長期にわたる日本の安定化のためには、そこに至る準備期間のこれから一〇年間に新しい社会システムを築き、成熟社会への着地点を探ることが必要となるのがわかる。

ではこの三ケースから一体どのような未来が見えるのだろう。

## 増加する財政負担

第一のケースでは、二〇〇一年に国民一人あたり医療費（以後単純に医療費という）の増加率は技術進歩率による医療費の増加分がなくなったため急減する。このとき医療費は個人可処分所得の九・六五％を占めている。将来の推計を眺めてみると二〇〇六年頃まではこの医療費の増加分は、増加した家計可処分所得の四〇％以下で、過去のデータに照らし合わせてもなんとか対処できる範囲に入っている。

しかし人口減少が経済成長に本格的な影響を及ぼし、一人あたりの国民所得や可処分所得の成長率がマイナスになる二〇一三年以降、医療費の自然増による成長率は二〇二〇年まで増加を続けるため、ちょうど一九九四年頃から起こったと同じような国民所得（可処分所得）の成長率との乖離が著しく目立つようになり、この自然増の部分に対しても大鉈《おおなた》をふるって削減せねばならない事態が出現すると考えられる。

すなわち、何らかの医療受診制限か患者の個人負担の増加が必要になるということだ。さもなければ医療費の家計に与える負担割合が急速に高まることになる。ことに、健康で医療給付をほとんど受けない世代の負担する保険料や税金で医療費の相当部分を支えなければならなくなるため、公的保険の不払いが増加し、高齢者に対しては応分の負担を求める動きが強まるだろう。もし保険料や税額の増加が不可能ならば、政府の財政赤字が急増することになる。

第一のケースからわかるのは、医療費の社会的自然増に対する対応は現状の制度を固定すれば二〇〇六年までは可能だということで、ケース二のように医療技術の進歩などが年二％程度ある場合は、この分だけ診療報酬改定時の医療費の減額が必要になるということである。一九九八年にあった一・三％の減額に対して医師会の反発が大きく医療体制の根本的改革ができなかったことを考えれば、これは政策的に相当な困難が想像できる。しかしそれとても二〇〇九年までで、それ以降は根本的に医療システムの枠組みを変更しなければ、医療費の増加分はそのまま家計のなかに食い込んでいくことになる。

## 混合診療への道

医療は技術進歩の激しい領域である。ことに一九八〇年代後半から従来治療が不可能と考えられていた多くの病気に治療技術が登場し、高度先進医療の名のもとに次々と新しい技術が健保採用となってきた事実があり、これが医療費を押し上げる要因となっていると指摘されている。さらに二〇〇〇年にヒトゲノム・プロジェクトでついに人の遺伝子の全貌が解読され、医療技術はポストゲノム時代へ向けて技術革新の速度を上げ始めた。治療ができない病気はないとすら豪語される時代に新技術が医療費削減に役立つのはその技術が成熟に達してからで、これからの半世紀は医療技術の進歩は医療費の増大を伴うことになる。医療は医学の社会的適用であるといわれるが、医療技術を差別なく全員のものとすることは今日ではもはや不可能とすら考えられる。

このような医療技術の日進月歩の時代に医療対象が広がり、それによる医療費の増大を防ぐことは実際には不可能に近い。公的医療を医療費の三〇%程度に抑え、後を市場に任せた自由診療の国のアメリカで総医療費が国民所得の一七%に達しているのをみても、医療費の削減は不可能に近いように思われる。そのなかで世界一の医療効率を持つ日本の医療システム(世界一長寿であることがその例証でもある)でも、この技術進歩が医療経済に与える効果は無視できない。医療供給側である厚生労働省も日本医師会もそう主張し、二%程度の技術進歩率は不可欠と考えるのは、あながち無理とはいえない面もある。

したがって第二のケースでは医療費の人口構造による増加分をそのままとし、技術進歩率を一九九八年現在四%のところを半分の二%と考えて推計してある。医療費の自然増は二〇〇〇年の二%をピークに徐々に減り始め、二〇一〇年には年率一%台に、二〇二〇年を越えたところで自然増は止まるとする。この条件下で医療費の生産性といわれる技術進歩率を年率二%認めようという条件での推計だ。

推計してみてすぐわかるのは、このケースでは日本経済の成長鈍化とは無関係に医療費は着実に成長を続け、その結果二〇三〇年には国民所得の二二・六％が医療費に使われることになる。家計可処分所得では二四・六％を家計から医療費に使わなければならない。一人あたりの可処分所得の増加分に占める医療費の増加分は一九九八年にすでに二〇％を超え、二〇〇六年には増加した可処分所得の全額が医療費に振り向けられる。

しかもこの医療費を公的保険で支払うとすれば、全人口のうち六〇％を占める生産年齢層に保険料負担の大半が振り向けられるから、これらの世代は可処分所得の二倍以上が医療費の増加に余計に注ぎ込まれるという状況がくる。二〇〇六年以後になると医療費は家計可処分所得の本体の部分に食い込んで、医療費の家計可処分所得に占める割合を上昇させていくことになる。

しかし、とにかく医療は必要であると考える人も多いだろう。この傾向が個人の要求であり必然であると考えたときには、どのようにして医療費を負担すればよいのだろうか。

現在、医療費支払いの構成割合の三二・二％は税金でまかなわれている。わが国が総枠で経済成長が望めなくなる今後は、公的な支払い額も急増は望めない。もし公的予算の成長がないと考え、それに占める医療費の枠も固定的であると考えると、財政による医療費支払いの構成割合は次第に減額され、二〇三〇年には医療費支払いに占める公的部分の割合は半分以下の一四％程度（一〇兆円程度）となるはずである。医療保険は五二・九％を支払っているが、現在でも保険料が高率すぎるという意見も多いなかで、保険料の増加は望めない。となれば二〇三〇年まで放っておけばこれも半分以下の二一%(一五兆円程度)で維持されることになる。

結果起こることは二〇三〇年には医療費の六四・八%(四六兆円)が自費診療となることになる。四六兆円の自由診療の市場が登場するということだ。その大半は任意保険でまかなわれることになる。供給者側は任意保険と公的保険が混在する混合診療をひどく嫌うが、他に方法はない。ここに至って初めて市場の見えざる手が医療の生産性を向上させ、医療費の削減の動向が生ずることになるだろう。さらに拡大した自由医療市場は世界へ向けて開かれることになる。

## 医療の需要抑制と供給抑制

第三のケースは最近よくいわれる「医療費の成長率を国民経済の成長率の枠内にとどめる」という意見に従った推計である。一人あたりの医療費はこの条件下で最も低くなり、個人あたりの可処分所得に対する医療費比率はほぼ九・〇%に固定され、家計可処分所得の増加に対する医療費の増加分は二〇〇九年まで一〇%以下で推移する。これならば家計の面からも公的予算の面からも十分支払いが可能だろう。

しかしこのケースでは二〇〇五年頃までは医療需要の自然増による部分も現在の枠組みで吸収可能であるが、それ以後になると医療システムの構造変革を実行しなければ医療費の増加に対処ができなくなる。とはいえ、それは十分に可能なはずだ。

このケースで年率二％以上の技術進歩率を維持するには、病床削減や診療制限による需要の削減と、医薬品など医療システム外部からの医療費増加要因の削減と、労働集約的医療構造を変えなければならなくなるだろう。

まず、医療需要を減らさない限りこの目標の達成は不可能である。医療費に最も直接に関連しているといわれる病床数の削減などがその一例に挙げられる。一九九六年のデータによれば、日本の医療体制はヨーロッパ大陸の国々に対しても五〜六割も多くの病床数を有している。英米に対しては三倍近い。医療では病床数あたり、月あたりの単価が決まっているから、病床数の削減によって医療費が減ることは明らかである。

また、それと同時に、病床数の削減は、平均在院日数の短縮にもつながる。最近日本では、急性期の患者を中心に治療を行う病院と老人性の慢性疾患の病院とを分ける傾向にあるが、それでもなお、一九九六年で在院日数の平均はヨーロッパ諸国の約二〜二・五倍、アメリカに対しては五倍の長さを示している。一日あたりの医療費の単価が決まっているわが国では、在院日数の短縮、すなわち病床数の削減が、間違いなく大きな医療費削減の効果を上げる。

それを誘導させる方策としては、支払い方式の変更（例えば病気の種類による定額医療）が挙げられる。

薬剤単価も減額をしなければならない。現在日本の薬価は他の諸国に比べて一・五〜二・五倍ほど高い。グローバルな市場のなかで薬剤調達が可能になれば少なくとも薬剤価格は低下し、薬剤費を病院の購入価格で支払う方式に決めれば、医療費の二五％を占める薬剤費の割合は一五％以下に下がるはずである。医療システム自体の合理化のインセンティブをどのようにして与えるかは医師会と保険支払い団体とのあいだの大きな政治的問題となっているが、既存医療費の年率二％程度の削減は十分にできるはずである。

**医療・介護費の将来推計**

最後に介護費を含めた推計を行っておこう。

介護保険法が二〇〇〇年に実施されてまだ日が浅いためにデータは不十分であるが、二〇〇〇年の実施の前に行われた各種調査で、ある程度、年齢階層別の要介護率が計算できる。この推計では厚生労働省の予測よりはるかに少ないが、二〇〇〇年に介護保険法が実施された結果、厚生労働省が事前に予測した要介護者数よりかなり少ない二一〇万人程度だとの報告もあるので、この介護需要の推計はほぼ妥当だと考えている。

介護費用は、五段階に分けられた要介護者数の全員がその介護費用の上限を使うものとして推計したが、これも現状の総介護費用は六兆円よりはるかに少ないといわれている。この額は二〇〇〇年の予測の五・五兆円程度とあまり大差がない。本予測では、二〇三〇年には総介護費は一〇兆円を超えるが、それは総医療費の四分の一程度で、ケース一の総医療費に加算すると国民所得の一七・一％程度を占めることになる。

# 第四章　人口減少社会にどう対処するか

## 1　日本経済の新しい道

人口の減少によって日本経済は大きく変質するが、それは人々にとってむしろ望ましい方向への変質であろう。しかし新たな経済が真に人々に幸福をもたらすためには、経済の自律的な変質に任せるだけでなく、人智をもって働きかけねばならないことも多い。その場合最も重要なことは、日本経済を永続的、安定的なものとするための新たなフレームワークの構築である。

私は、これからの経済運営の目標を消費の最大化に置き、経済の基盤を国際分業に置くことを提案する。そして今後の人口減少・高齢社会において必要となる地方経済の確立のために、その一つの核として農業の振興を考えることとしたい。

### 抑制されてきた消費

第二章で、人々の幸福の基準となる「時間あたりの労働によって買うことのできる消費財の量」は、一九九〇年代に至っても欧米各国に比べて七割程度にすぎないことを述べた。そして第三章で、消費関連産業の拡大が今後の日本経済の持続可能性にとって必要不可欠であることにも言及した。しかし、そうした国民福祉と経済にとっての消費の重要性が、現状では十分に認識されているとはいえないし、またそもそも消費と投資の関係が正しく理解されているともいいがたい。

誤解の一つは、「消費より投資の方が経済を拡大する効果が大きい。経済の拡大は個人所得を増加させ、消費を拡大する。だから投資を拡大した方が、最終的には消費の拡大幅は大きくなる」というものである。もしこれがアメリカ経済に対してなされた主張であれば、それは正しい。しかし日本経済に対してであれば、それは誤りである。なぜならその主張は、「貯蓄率が低いなどの理由で、十分な設備投資が行われてこなかった場合には」という前提条件のもとで初めて成り立つものだからである。

アメリカ経済にとっては、低すぎる貯蓄率が昔もいまも悩みの種である。設備投資の原資である国民の貯蓄が少なすぎるために十分な設備投資ができない。つまり生産設備の総量（生産資本ストック）が小さすぎるのである。もう少し消費を抑制して設備投資を拡大すれば、国民所得の増加によって、最終的には消費は現在より拡大するだろう。しかし日本経済は逆であり、過大な設備投資によって生産資本ストックが大きすぎるために、消費が圧迫されている状態である。日本ではむしろ設備投資を抑制することが最終的に消費を現在より大きくするのである。

なぜアメリカと日本とでそうした違いが生じるのだろうか。それは、生産資本ストックが大きいと、耐用年数を経過した設備を取り替えるための更新投資も大きくなるからである。つまり、新たに設備投資をすると生産資本ストックが増加して生産量（GDP）は増加するが、同時に将来の更新投資も増加する。その場合、もともとの生産資本ストックが小さければ、更新投資の増加よりもGDPの増加の方が大きいが、生産資本ストックが大きいとGDPの増加の方が小さくなるという関係が、経済には存在する。そして前章で説明したようにGDPから更新投資を除いたものが国民所得であり、消費の原資となる。だからもともとの生産資本ストックが小さければ、設備投資を行ったことによって国民所得が増加し、消費も拡大するが、生産資本ストックが大きければ、設備投資を行った結果、かえって国民所得が減少し、消費は縮小するということになる。前者がアメリカの状態、後者が日本の状態であるが、そうすると設備投資による国民所得の増加が最大となる生産資本ストックの水準があるはずであり、その水準を、アメリカの経済学者ロバート・ソローは「資本蓄積の黄金率水準」と呼んだ。

**設備投資を抑制するために**

では、日本経済では生産資本ストックが大きすぎて、設備投資がかえって消費を小さくし

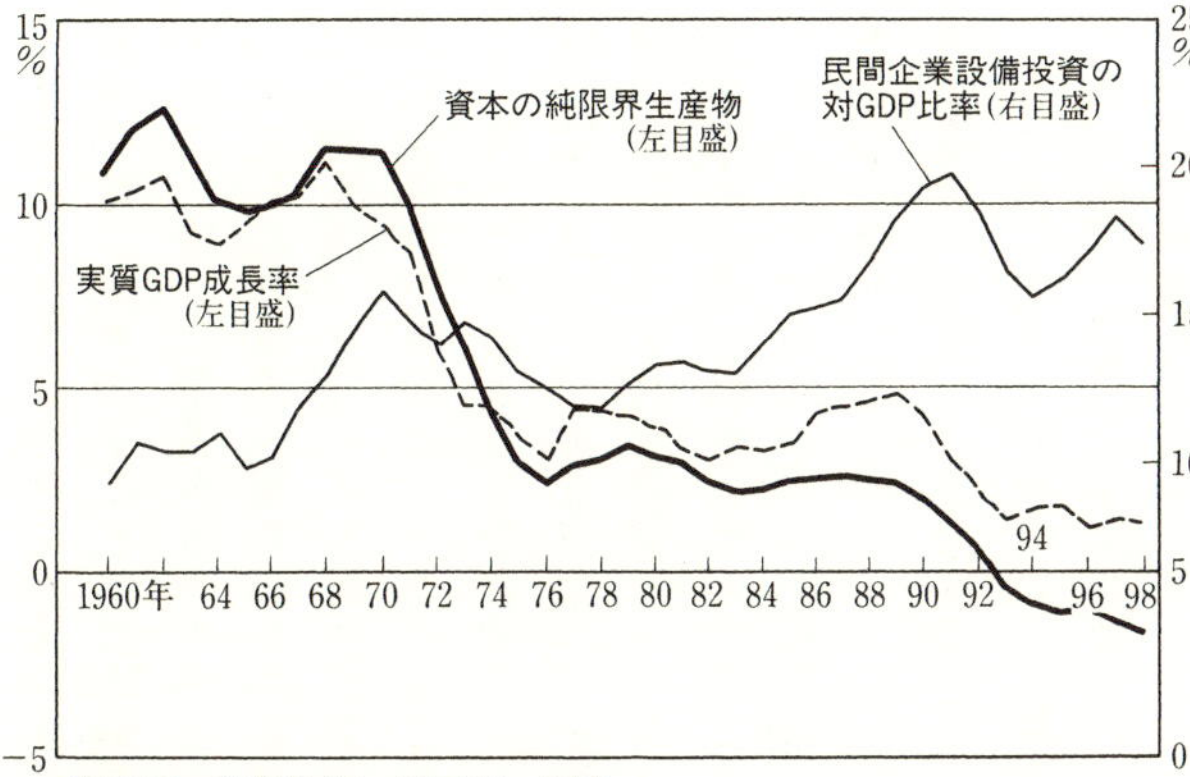


**第27図**　設備投資の適正度の判定.

ている状態にあることを確認しよう。第27図は、ソローの理論に基づき、日本経済における「資本の純限界生産物」を推計したものである。実質GDP成長率が資本の純限界生産物を上回っていれば生産資本ストックは過大、下回っていれば過小である。そしてそれらが一致するとき消費は最大になる、つまり生産資本ストックは黄金率水準にあると考えてもらえばよい。

図から一九七〇年代前半までは生産資本ストックはおおむね適正な水準にあったことがわかる。第二章で、日本経済はこの時期まではその規模の拡大に見合うかたちで国民生活を向上させてきたと述べたが、それはこの図を根拠としている。しかしこれ以降、生産資本ストックは一貫して過大であり、特に一九九〇年代前半以降は過大の程度が年を追ってひどくなっている。生産資本ストックが過大であるのに、なお設備投資が強行されているからである。近年消費の低迷が指摘され、その理由を先行きの不透明感による消費意欲の減退に求める見方が多いが、基本的には設備投資が多すぎることに原因があることをこの図は明瞭に示している。消費の拡大を目指すのであれば、設備投資の抑制こそが必要な政策なのである。

ただし私は設備投資そのものを強制的に抑制することを主張するつもりはない。とられるべき政策は、政府や日本銀行の介入を排除して、金融市場を自由競争市場とすることである。金利水準を人為的に引き下げることは、利益率の低い設備投資を可能にするから、設備投資を全体として過大なものとする。しかし自由競争市場であれば、そうした利益率の低い設備投資には資金が回らなくなる。そしてもし、そうした利益率の低い設備投資の計画が多ければ、国内には有利な投資先が少ないとみて、資金は海外に向かうことになるだろう。つまり金融市場を自由競争市場とすることは、日本企業の設備投資を国際競争のなかに置くということであり、それによって利益率つまりは効率性の観点からの設備投資の絞り込みが行われるようになることに加え、日本企業の技術開発を促進するという効果も期待できる。そして設備投資の規模が適正なものとなれば、最終的に消費の最大化が達成される。

ところが現在とられている金融政策は全く逆であって、日本銀行は、インフレの危険も顧みず（あるいはインフレが政策目標なのかもしれないが）、市場に資金を溢れさせ、政府は公的資金注入を梃子《てこ》に、非効率な倒産すべき企業への延命融資を指導している。つまり双方ともに非効率な設備投資を積極的に後押しして、設備投資を過大なものとし、消費を圧迫しているのである。しかも問題はそれだけでなく、政府・日本銀行には、間接金融が圧倒的に優位な現在の金融制度をなんとか維持しようという姿勢がうかがわれる。それは政策の方向として全く逆であって、自由競争的な金融市場のためには資本市場の育成をこそ目指すべきなのである。資本市場が発達して、企業の資金調達が、欧米諸国のように主として株式や債券で行われるようになれば、企業は利益率を重視した経営に転換せざるを得ない。それによって企業自身にも、非効率で利益率の低い設備投資には手を出さないという動きが生まれるはずである。

## 貯蓄を抑制するために

ただしそうした金融市場の自由化は非効率な設備投資を抑制するだけで、もう一つの問題、つまり貯蓄率が高すぎるという問題は解決しない。だから一方で貯蓄率を引き下げる政策が必要なのだが、この点についても消費と投資の関係についての誤解がみられる。それは「貯蓄率が高すぎるために設備投資が多いのであれば、個人の消費意欲を向上させ、貯蓄意欲を減退させるような政策をとればよい」というものである。この誤解は、貯蓄とは個人貯蓄であるという認識からきている。実は設備投資の原資となる貯蓄は個人貯蓄だけではない。企業も貯蓄すれば政府も貯蓄する。国全体としての貯蓄を国民貯蓄というが、個人貯蓄はそのうちの半分以下の四五％を占めているにすぎず（一九九〇年代の平均値、個人企業の貯蓄を除く松谷の推計）、企業貯蓄が二三％、政府貯蓄が三二％となっている。

なかでも諸外国に比べて極端に大きいのが政府貯蓄であり、これは日本の年金制度が諸外国と異なり、主として積立方式であることがその理由である。積立方式は、その人が老後に受け取る年金を本人自身に積み立てさせるという、いわば強制貯蓄である。アメリカと異なり日本が豊かな原資のもとで活発な設備投資を行い、高度経済成長を実現したことには、この年金制度が大いに寄与しているが、現在では国民貯蓄率を無用に高め、非効率な設備投資に向かわせる主たる要因の一つになってしまっている。これからの年金制度については若い人の負担能力を考慮した給付水準とするなどの持続可能な年金制度とする必要があるが、併せて過剰貯蓄を生まないためにも、完全な賦課方式に転換すべきであろう。年金制度は市場に対してできる限り中立的であることが望ましい。

加えて企業貯蓄を減少させるために、法人税の増税も視野に入れる必要がある。企業貯蓄は、いわば設備投資のためのローンの頭金としての機能を持つ。そしてその頭金が多いことが、現在の過大な設備投資を招いている一つの要因である。また前述したように、人口減少下の経済においては、企業貯蓄の増加は経済を縮小させる危険がある。したがって企業貯蓄を縮小の方向に向かわせるべきであると考えるが、そのためには、まず労働市場における公正な競争を確保する必要がある。しかし労働市場では労働力の需要側つまり企業の立場が圧倒的に強い。だから政府による労働者の保護政策がなければ、公正な賃金水準は形成されない。第二次大戦後、欧米諸国特にヨーロッパ諸国において最低労働時間の規制や賃金交渉に関する法整備などが講じられたのはそのためである。したがってまずはそうした政策を推し進め、諸外国に比べて低い労働分配率の改善を目指すのである。労働分配率とは企業の粗利益に対する労働者の取り分だから、労働分配率の上昇は自動的に企業の取り分、つまり企業貯蓄を減少させる。

しかし、そうしたことによっても所期の効果が得られない場合は、法人税増税、所得税減税という政策を考えざるを得ない。政府が企業貯蓄の一部を取り上げ、それを所得税減税という形で実質的に個人に分配するのである。これは確実に国民貯蓄率を引き下げ、消費を拡大する。そうした強制的な手段を用いる必要がなければ、それに越したことはないが、半世紀以上にわたって続いたさまざまな労使慣行が速やかに改変されることは難しいかもしれない。一方、間もなく到来する人口減少社会、そして当面の景気の現状は、間違いなく設備投資の速やかな縮小と消費の拡大を必要としている。

戦後の経済は投資が投資を呼ぶ形で成長した。投資こそが経済運営の軸であり目標であった。だから政府だけでなく多くの企業、国民もまた、堅調な投資こそが未来を開くであろうと考えている。しかしそれは誤りである。消費の最大化にしか日本経済の未来はないことを、ここで認識すべきである。

### 基本は国際分業

第二章で日本経済が国民に幸せをもたらさなかった理由の一つとして、国内の物価高をあげた。なぜ日本は物価が高いのだろう。それは日本の労働生産性が低く、モノをつくるのに欧米諸国よりもコストがかかるからである。もちろん日本の産業、企業の労働生産性が欧米各国に比べて押し並べて低いわけではない。労働生産性が相対的に高い産業や企業もある。しかし労働生産性が際立って低い産業や企業がその数倍もあって、それが足を引っ張る形で全体としての労働生産性を低位にとどめている。では欧米各国、特に西ヨーロッパ諸国はどうかというと、そうしたマイナス要素は相対的にみてはるかに少なく、日本のように明確に労働生産性が見劣りする産業や企業が数多く存在する国は見あたらない。そのような産業や企業はもともと存在しないか、あるいはあったとしても現在ではほとんど淘汰されてしまっている。さらに各国の産業の構成は同じではなく、それぞれに突出した産業分野がある一方、存在しない産業分野も数多くあるなど、バラエティーに富んでいる。そこにみられるのは資源の集中投入と国際分業の考え方である。

いかなる民族、国民であれ、全ての産業分野について世界のトップクラスの実力を持つということは、現実にはあり得ないだろう。それぞれに得意分野もあれば不得意な分野もある。そこで自国の産業は得意分野に特化し、その他の分野はそれが得意な国からの輸入に依存する。それがその国の生産を最も効率的なものとし、かつ全ての製品を最も安く手に入れる有効な方法である。しかし、日本においてはそうした考え方が希薄であり、日本経済には基本的に全ての産業分野が存在する。他国との比較において不得手な分野であろうと、なんでも自国でつくるのである。これでは労働生産性は低くなるはずだし、当然物価も高くなる。

ただしそうしたことは、もし日本の市場が自由かつ内外無差別であったなら、あり得なかっただろう。労働生産性が低く、製品価格の高い産業や企業は輸入品によってたちまち淘汰されるからである。したがって明確に労働生産性の劣る産業や企業が日本に数多く存在していることには、関税・非関税障壁など輸入制限的な制度・慣行が大いに与《あずか》っている。しかしだからといってそうした制度・慣行が、国際分業の進展を阻害した要因だということにはならない。元来日本の人々には国際分業の考え方が希薄であり、そのために全ての産業分野を国内に興そうとし、そのうち国際競争力の弱い産業について輸入制限的な制度・慣行が設定されたという順序であろう。内外価格差の原因を政府の産業政策に求める意見もあるが、基本的にはわれわれ日本国民の考え方に端を発していることを忘れてはならない。

そして同時に、そうしたいわば総花的な産業構造は、日本が多くの人口を抱えているからこそ可能であった。就業者数は一九九七年で、ドイツ三四〇〇万人（統一直前の西ドイツは二八五〇万人）、フランス二二四〇万人に対して、日本は六五六〇万人である。そうした就業者数からすれば、ドイツ、フランスでは全ての産業分野をカバーすること自体が難しかったのかもしれない。しかし今後、日本の就業者数は大きく減少する。その過程で否応なしに国際分業の考え方を取り入れざるを得なくなることも十分考えられる。そのとき日本は、どの産業分野を残し、どの産業分野を輸入に依存するのかという選択を迫られることになる。

## 国際分業と技術開発

国際分業と資源の集中投入の考え方は、今後の人口減少下の経済において必須のものとなる技術開発力の向上の面からも必要である。このところ日本の技術開発力の低下が指摘され、その対策として基礎研究、開発研究に対する政府の助成と教育方式の改善が急務であるとする多くの主張がなされている。私もそうした方向には基本的に賛成であるが、その主張の具体的内容となると、途端に首をかしげたくなる。おおむねそこでは、あらゆる産業分野における技術開発についての助成のあり方と小学校からの教育プログラムが提案されている。どうして全ての産業分野について技術開発を進めようと考えるのだろう。そしてなぜ国民の全員が技術開発のための素養を身につける必要があるのだろう。

日本における技術開発への取り組みはこうである。この分野はアメリカで戦略的に重要な分野とされているらしい。日本でも始めよう。ドイツではこの分野の技術が進んでいる。日本も負けてはいられない。フランスの工業デザインは素晴らしい。日本でも工業デザイナーのレベルアップが必要だ。前述の産業構造と同じく総花的な技術開発である。そしてその総花的な姿勢こそが、日本の技術開発における最大の問題なのである。基礎研究を担う大学についても、日本の大学には世界におけるほとんど全ての学問分野が揃っている。しかしその研究レベル、特に独創的研究のレベルとなると、多くの学問分野において欧米各国とのあいだにかなりの格差がみられる。

技術の高度化によって、技術開発に要する資金、時間および人材は増嵩《ぞうすう》の一途にある。だから全ての学問分野、産業分野にわたって人材と資金を広く浅く分散したのでは、国際的に優位性のある基礎研究、開発研究成果が得られるとは考えにくい。対象分野を絞り、人材と資金を集中投入することこそが必要なのである。その場合重要なことは、対象分野を絞るという点である。それ以外の分野をいわば放棄するのである。「重点投入」という主張がよくなされるが、それは結局のところ全ての分野に、程度の差はあれ資金と人材を分散することであり、現状と大差ない結果にとどまる。技術開発において国際分業の考え方が必要だといったが、その意味するところは、日本としてどの分野を選択するのかということよりも、どの分野を選択しないかということである。

ではその選択は誰がするのかといえば、基本的には市場に任せるしかない。自由かつ内外無差別の市場は、日本が不得意とする産業分野を確実に衰退に向かわせる。それによって技術開発を行うべき分野はおのずと絞られてこよう。ただしこの点については、成長産業の保護、育成を図ることは必要なのではないかとの反論が予想される。つまり現在のところは必ずしも国際競争力はないが、今後の日本経済にとって重要と考えられる産業に対しては、市場に任せるのではなく、政府が積極的に保護育成策を講じる必要があるという主張である。

しかしその主張には、誰がそうした成長産業を選択するのかという点で疑問がある。例えば戦後、政府が成長産業と考え保護育成策を講じた産業は、概して規模が過大となり、あるいは国内物価高の要因となって、資源配分上の問題を引き起こした。鉄鋼、造船、化学、石油精製などがそれである。一方、家庭用エレクトロニクス機器、時計、カメラ、通信機器などの産業は、ほとんど政府の保護育成策を受けることなく自力で成長し、重要な輸出産業にまで発展した。政府の役割は市場の動きを注視し、必要の限りにおいて支援するという補助的なものにとどめられるべきであろう。

そして技術開発の対象分野を絞ることによって独自の技術開発力が向上すれば、輸出における内外価格差も縮小する。日本では国内価格よりも安い価格で輸出しているケースがかなりみられる。輸出価格が低くてもそれによって生産量が確保される方が、スケールメリット（量産効果）を有力なコスト引き下げ手段とする日本企業には好ましいからであろう。しかし実はそれは日本の所得水準を低下させている。国民の労働の成果を安く売り渡しているのだから、輸出相手国にとっては自らの所得が増加したのと同じ効果が発生する。つまりは日本国民の所得を外国民に贈与しているに等しい。輸出における内外価格差の縮小もまた、国民を豊かにするはずである。

## 金融資産の活用

いま一つ国際分業の考え方を必要とする分野がある。それは金融資産の活用である。日本は二〇〇〇兆円を超える巨額の金融資産を持つ。このいわば日本国民の財産をどう活用するかで、人口減少社会における経済はかなり変わってくる。今後、設備投資の縮小によって国内の投資機会は相対的に少なくなるが、海外にはさまざまに有利な投資機会があり、そうした投資機会をとらえその収益を獲得することは、今後の日本経済にとっての貴重な収入源となる。つまり日本の金融資産を日本の企業活動だけに役立てるのではなく、海外企業の活動にも役立てることによって、日本の国民所得を増加させようということであり、ある意味での国際分業である。しかし現状をみると、日本の金融投資は大部分が国内にとどまり、低い企業収益率のもとでわずかな金融収益を得ているにすぎない。しかもそれは日本国民同士のやりとりだから国民所得を増加させているわけでもない。海外に出て金融収益を獲得しなければ国民所得は増加しないのである。

日本の対外金融投資が進まない主要な理由の一つは、金融機関の対外投資能力の低さにある。対外投資能力とは、どこにどのような投資機会があり、その収益率とリスクはどれくらいであるのかといった情報収集力や、投資リスクをできるだけ小さくする金融技術力などからなる。このうち金融技術力の低さには、戦後、金融機関が政府・日本銀行のきわめて厳格な規制のもとに置かれていたことが大いに関係している。自由でない市場では、自由市場を前提とする金融技術は磨きようもなかったのである。例えば投資家のあいだで短期債権と長期債権の金利だけを交換する金利スワップという金融技術があるが、日本では設備投資のコストを引き下げるため、戦後一貫して長期金融市場と短期金融市場を制度的に分離する政策がとられていたため、金融機関はそうした取引をすることができなかった。ある高名な日本人ディーラーは、金利スワップは金融デリバティブ（派生商品）の基幹的な技術であり、それが規制されたことが欧米各国に対する日本の金融技術の遅れの最大の原因であると述べている。現在の海外金融投資はその大部分が米国債などの、安全ではあるが低収益のものという現状は、まさに日本の金融技術の遅れの象徴であろう。

また戦後の圧倒的な銀行優位の間接金融体制のもとで資本市場の発達が遅れたことも、金融技術の向上を阻害した。日本の銀行は確定利付きの預金を資金源とすることから、大きなリスクを伴う投資にはそもそも不向きであり、つまるところ銀行による投資は、確実な担保のもとでの利鞘《りざや》獲得という、初歩的な金融技術によるものに終始することとなった。その銀行に国民の金融資産の大部分が集められたのだから、事実上、日本には高度な金融技術を必要とする場所さえもなかったといえる。だから現在、政府・日本銀行が考えている銀行による資本市場の育成というシナリオには大いに問題がある。金融技術の飛躍的な向上を期待することは難しいことに加え、資本市場の成長は銀行が主たる収益源とする貸付市場を圧迫することになるから、資本市場の育成という点でも疑わしい。

したがって日本の金融技術の向上、ひいては海外金融投資による国民所得の拡大のためには、自由市場たる資本市場の速やかな発展が急務であるが、その政策手段として投資信託の配当課税を大幅に軽減することが考えられる。欧米各国の例からみて、投資信託は資本市場の主たる担い手になると予想されるからである。金融商品のあいだで差別的な取扱いをすることは、市場の自由競争性に反するかもしれないが、それを恐れていては銀行に国民の金融資産が集中する傾向は改善されず、資本市場の速やかな発展は望めない。一九五二年（昭和二七年）、政府は日本銀行内に「貯蓄増強中央委員会」なるものを設け、銀行預金利子への課税を軽減し、さらに証券会社への資金供給を大幅に制限してまで、銀行に金融資産が集中する強固なシステムをつくり上げた。そのシステムを崩壊させるには、ある程度の政策介入はやむを得ないと考える。ただし銀行優位の間接金融体制が護送船団方式に変貌した反省に立ち、投資信託の優遇は一〇年程度の時限立法とすべきであろう。

しかしそれによって日本の金融技術が向上したとしても、それで欧米各国の先進的な金融機関に対抗できるかというと、かなり疑問が残る。彼らは金融技術の開発力において優れているだけでなく、長年かけて培った強固な情報ネットワークを持つ。日本の金融機関が国際金融市場へ本格的に参入するのは、かなり困難といわざるを得ない。だから投資信託会社をはじめとする日本の金融機関の海外活動にあたっては、政府による一定の支援も必要であろうと思われる。例えば外国債の引き受け競争における外交面からの支援も視野に入れてよいだろう。われわれ日本国民には国際分業の考え方が希薄であるといったが、金融だけは別である。自国の金融資産は自国の金融機関で扱わなければ、収益のかなりの部分が外国に帰属してしまうのである。

## 農業を核とした地方経済

前章で人口減少下の経済においては消費関連産業が拡大するであろうこと、そのうちサービス産業は、現地で生産され現地で消費されるという性質からみて、全国各地でそれぞれに拡大していく可能性があること、そしてそうなれば人口の極が全国的に分散化するであろうことを述べた。その場合、サービス産業という就業機会が分散化するのであるから、その人口の分散化とは生産年齢人口を中心とした分散化になる。これまで、東京湾・大阪湾・伊勢湾に面した海岸地域およびその周辺（以下、三大都市圏という）に生産年齢人口が集中することによって、地方の地域社会の縮小と高齢化が進行してきたことを考えれば、生産年齢人口が全国的な分散に向かうことは、地方の地域社会の持続可能性の観点からは望ましい方向の変化であろう。しかしながら、そうした変化が現実のものとなるためには、それぞれの地域において、サービス産業とは別に、その地域としての所得を稼ぎ出す産業が存在するという条件が満たされる必要がある。

なぜならサービス産業だけでは地域住民は生活できないからである。生活には衣食をはじめさまざまなモノを必要とする。しかし国全体の経済と異なり地域経済においては、生活を維持していく上で必要な全ての産業がそれぞれの地域に存在しているわけではない。当然その地域で生産されない生活物資は域外から購入（移入という）しなければならない。そして各地域が移入に依存する度合いはかなり高く、都道府県単位でみても、移入のGRP（Gross Regional Product：県内総生産）比は、平均すると六六％にも達している（「県民経済計算」一九九八年）。国における輸出のGDP比が九％（一九九八年）であることからすれば、地域社会にとっての移入の持つ重要性がわかるだろう。

そしてその移入のためには、国の場合と同様、域外へモノを売ること（移出という）によって所得を稼ぎ出さねばならない。しかしサービス産業というものは、前述のように基本的にはその地域の住民を顧客としており、域外の住民へサービスを売ることは難しいという性質を持つ。サービス産業でも、例えば観光業は域外の住民へのサービスの提供だから、そこから得られる所得で域外から生活物資を移入することができるが、観光業が成立する地域は地理的に限られる。だから安定した地域社会の確立のためには、一般的には、サービス産業とは別に、移出によって地域としての所得を獲得し得る産業が必要となるのである。

しかし現在の地方の地域社会の現状をみると、三大都市圏から遠い地域ほど、そうした移出に適した産業が少なく、そのため地域社会の縮小と高齢化が著しいという傾向がみられる。それは現時点では最終組立工程を含む製造業が三大都市圏に集中しており、その他の地域はおおむね三大都市圏に部品・原材料を供給するという関係において経済が成り立っていることのあらわれである。当然、その部品・原材料を供給する工場は、三大都市圏ないしその周辺に立地した方が輸送費も輸送時間も節約できる。だから三大都市圏から遠い地域ほど、そこに工場を立地しようという企業が少ない、つまりは域外にモノを売れるような産業があまり育たない。したがって生活が困難になるから、若い人はより豊かな地域を求めて転出し、高齢者が残るというわけである。

かといって若い人の転出を防止すべく、部品・原材料の供給ではなく、最終組立工程を含む製造業をその地域に興そうとしても、競争力の点が問題となる。工業製品は多くの関連産業を必要とするから、そうした関連産業の不足という悪条件を乗り越えて、三大都市圏との競争力を獲得するのは容易なことではない。そしてその点は、今後拡大が予想される消費財産業についても、おおむね同様であろう。現代の消費財の多くは高度な工業製品であるから、三大都市圏に比べて不利な状況にあることに変わりはない。加えて三大都市圏はやはり巨大なマーケットであるから、商品の輸送費や輸送時間も問題となる。消費財産業についてもまた、三大都市圏から遠い地域ほど、その立地は難しくなるといえる。

では、地域としての安定的な所得を獲得するためには、どうすればいいのだろうか。その一つとして農業が考えられる。ただしここでいう農業は現状の農業ではなく、大規模な機械化された、あるいは装置化された農業である。農業の装置化とは、例えば科学的に管理されたビニールハウス農業などであるが、それを得意とするのはオランダで、さまざまなノウハウと装置（受粉のための蜂までセットされている）を組み合わせたビニールハウスはオランダの重要な輸出品となっている。

もちろん農業生産だけで獲得できる所得はわずかなものである。だから農業を核とし、農機具・農業装置の製造業、培土・肥料・農薬等の化学産業、食品加工業などの関連産業を有機的に組み合わせた重層構造の産業群を形成するのである。そうした産業群の利点は三大都市圏との関連を必ずしも持たないこと、あるいは三大都市圏との距離が必ずしも不利にはならないことにある。農業は三大都市圏とは競争関係にはない。農機具・農業装置・培土・肥料・農薬などの消費地は農村地域である。そして食品加工業については原料との距離が短いという優位性がある。つまり農業を核とした産業群は、安定した地方経済ひいては安定した地方地域社会の確立のための新たな産業構造の一つの軸になり得るのである。

ただし、そうした産業群が域内での自給自足にとどまっては、農産物の移出によって生まれた所得が域内で循環するだけであり、形成されるその地域としての所得の規模は高の知れたものにとどまる。重要なことは地方地域を通ずる分業体制である。さまざまな農業関連の産業がスケールメリットを伴って各地に拠点を形成し、その間で活発な経済取引が行われることが必要なのである。昨今、地方経済の自立の重要性が説かれ、その方策がさまざまに主張されているが、自立した地方経済とは三大都市圏の縮小版ではなく、三大都市圏との密接な関係でもなく、地方地域間の密接な経済関係から生まれると考えられる。

加えて、農業とその関連産業とのあいだに相乗効果が生まれる必要がある。例えば農業の生産性の上昇が機械化を加速し、それがさらに生産性を上昇させ機械化が一層進展するという市場自律的な関係である。現在はそれとは逆の方向にあり、生産性の低さが機械化の進展を阻害し、それがまた生産性を低位にとどめている。機械化にはそれをまかなうだけの収益が必要なのである。日本の農業の労働生産性は国際的にもきわめて低く、製造業の生産性との比較では、アメリカ七〇%、フランス五〇%、ドイツ四〇%に対して、わずか二五%にすぎない。そして低い生産性の主たる理由は小規模な農地にあり、それには地理的条件のほか、農地法によって農地所有が個人の農家に限定されていることが影響している。したがって農業を核とした産業群の形成のために政策面からなすべきことは、農地の大規模化であり、非農家法人所有等を可能とする農地所有制度の改革である。現在、組合方式によって農地を集約し、農家は組合に雇用されるという方式で農地大規模化の実をあげようとする動きもみられるが、生産性はかえって低下しているようである。やはり営農意欲の点で、農地所有と耕作は一体であることが必要であろう。

日本の食糧自給率は二八%と、アメリカ一三八%、フランス一九八%、ドイツ一一八%（穀物自給率、一九九六年）に比べて極端に低く、今後予想される世界的な食糧需給の逼迫を考慮すれば、もはや危機的状態にあるといえる。いかに経済力があっても、食糧を輸入できない状況も予想されるのである。農業の振興を図ることは日本社会の安全性の向上という観点からも必要であろうと考える。

## 2 成熟した社会を求めて

少し中休みをする。

社会資本が充実し医療や年金や失業に対する社会の仕組みが整った小さなヨーロッパの街では、成熟した社会を思わせる日々が送られている。日本国内の小さな市町村でも、個性のある街づくりをしているところではゆったりとした日々が送られ、いかにも日本人の故郷の街といった雰囲気がある。そのような街はいずれも例外なく高齢化率が二五〜三五%で、人口減少はほどほどにしか起こっていない。ここではそのような街の佇《たたず》まいを眺めることによって将来の日本の社会の着地点を探ることにしよう。

### 北イタリアの街で

ミラノから東へ一一〇キロのところにあるガルダ湖畔にデゼンツァノ・デル・ガルダ(Desenzano del Garda)という人口二万人程度の小さな町がある。ガルダ湖は大きな断層沿いにアルプスから下ってきた雪解け水がたまってできた琵琶湖の半分強ほどの湖で、山を下ってきたところという意味の desenzano と名付けられた地名から琵琶湖の湖尻、瀬田《せた》を思い出させるような観光の町である。この近くでたまたま国際学会があり、私(藤正)は初秋にこの町に一週間足らず滞在したために、図らずも成熟したイタリア社会の一面を垣間見ることとなった。いかにも住みやすそうなところで、人々はここにギリシャ時代から住み着いていたらしい。

街の中心にあるピッツァとパスタの店の中庭で昼食を待ちながら小休止をしていると、そこに梯子《はしご》を担いだペンキ屋がやってきた。白髪で血色のよい初老の職人で、どこにもシミのない真っ白な作業着を着ている。中庭の片面にある二階の窓枠を塗装するらしい。梯子を立てかけると刷毛《はけ》とペンキの缶を持ちするすると登ってやおら塗装を始めた。塗装面以外の部分の防御もしないでペンキを下に一滴も落とさず塗ってゆく。やがて多くの人がこのペンキ屋の作業を見つめ始めた。ものの一〇分もすると作業は終わり、梯子の上からどうだといわんばかりの顔つきをした。観客を向こうにした俳優の大見得といったところだ。みている人はみんなにこにこしている。ふと本来の意味と全く違うが「紺屋の白袴」という言葉を思い出した。ひょっとするとプロの紺屋は服を汚さないで作業ができるのかもしれないと思わせたのだ。

　プロの職人とはいいものだと思う。そういう目で街の商店を眺めると、多くの職人たちが汚れ一つない作業服を着、伝来の磨き上げられたプロ用の精密機械を使って胸を張って仕事をしているのが目につく。レストランのシェフ、肉屋、魚屋、花屋、誰もがマエストロ（親方）のように堂々としていて信頼できそうだ。この小さな町にはブティックと骨董品店とレストランと食料品店が多数あり、いずれも古くはあるが小綺麗な建物のなかに入っている。出生率が一九九五年にすでに世界一、二を争う低率の一・二一で、一九九七年から人口減少が始まっている国にしては、街のなかに赤ん坊を乳母車に乗せた女性が多いのに驚く。みんなシックな服を着、ウイークデイの昼間の街は賑やかだ。湖畔は観光地であるためか、とても日本ではみられないような大理石の豪壮な邸宅で占拠されている。一般の住民の住む家はといえば車でわずか数分程度のところにある集合住宅で、いずれも広々とした佇まいできれいだ。ほとんどのサービス機能が街の中心部に集中しており、シエスタ（午後の昼寝）の前の時間は街の中心は賑やかで、それに反して三〜四階程度の集合住宅から成る住宅地はベネツィア風のブラインドを落としてひっそりとしている。昼間は人一人いないといった様子だ。街は時間がゆっくりと流れている。

この町から湖畔をたどってゆくと湖の最南端から小さな半島が突き出している。案内書によるとここにギリシャ時代からの集落があるという。早起きをして宿の近くをほっつき歩くのを習慣としている私たち夫婦はその半島に行ってみた。ほとんど街はまだ起きていない平日の朝六時前、ようやく明るくなった半島の先端に向けて一斉に人が歩いている。観光客ではない。さりとてジョギングなどを楽しむ人たちでもない。ごく普通の住民たちといったいでたちだ。早朝の江ノ島のような観光地の街を思い起こしてもらえばよいが、観光物産を売る店が全部閉まっているそんな細い遊歩道を半島の先端へ先端へと、みんなが小さなポシェットや手提げかごを持ってわき目もふらずに歩いていく姿は一種異様である。われわれも同じ方向へと歩き始めた。

やがて、大きな門があり人々の行き先は広場と庭園の向こうにある大理石づくりの大きな平屋だと気がついた。入り口に Terme とある。温泉だ。日本でいえば日帰り温泉、いわゆる公共湯にあたる施設らしい。まだ六時少し前だというのに建物の前に行列ができて、お互いに賑やかに談笑している。明るい顔で待っている中年以上のおじさん、おばさんに「温泉に入りにきたのですか」と英語で聞いてみると、イタリア語で「そうだ。そうだ。温泉だよ」といっているらしい。日本とイタリア、国は違っても楽しいものは楽しい。日帰り温泉に週日に行く習慣のあるわれわれ夫婦が、地方の自治体のつくった公共湯で経験するあの地元の人の持つほのぼの感と同一の雰囲気がある。日本と同じように一番風呂を好む人が多く、ここは住民の桃源郷的な場所なのだろう。

イタリアの一人あたり国内総生産（GDP）は一九九八年に二万ドルをわずかに超えた程度で、実質経済成長率も一九八〇年代以来年率一～三％のあいだを維持する程度である。この町がイタリアの国民所得の平均より高い北イタリアに位置し、フランス、ドイツ並みの所得があるとしても、日本の同じ年の三万二〇〇〇ドルよりかなり低いはずで、それにもかかわらず生活には日本の大都市住民よりはるかにゆとりがあり、ここでは衣食住が生活の基本として十分に行き届いているように見え、成熟した満足感が満ちあふれている。

「人口が減少するような国は、暗くて経済が成り立たず、そのような国が栄えたためしはない」とはある著名な経済学者の言葉だが、現実に人口減少が起こっているイタリアや南仏やスペインへ行くとそんな言葉はどこへやら、特にシエスタの習慣を持つこれらの住民は、日本人の大都市住民の倍以上も生活を楽しんでいるように見える。このような国に行くと、国民という立場と、住民（地域での生活者としての住民という観点）という立場で大きく考え方が異なるように思えるから不思議である。これまで基本的に市場で国の経済を維持してきた日本で、規模の拡大による経済成長を必須とした理論を取り入れ、ともすれば企業に経済が牛耳られてきたのではないかと考えるのは私だけではないだろう。

## 日本の超高齢社会の市町村で

さて、日本の市町村を訪問し、そのような目を持ちつつ街を歩いてみると、東京のような大都会に住んでいる人が決して味わうことのできない充足感が満ちあふれたところが、日本にも意外に多数あることがわかる。具体的には古い街道筋の街や京都の何でもない街並みをあげれば納得がいく。西ヨーロッパの町と根本的に違うのは、観光地やイベントのある町を除いては、平日の日中に歩いたり佇んだりしている人があまりいないことだろう。ましてや大人に連れられた幼児が街のあちこちにいるというのをみたこともない。ひっそりとした中山間地域の農村に生きものの気配が感ぜられないのと同様に、中小都市も昼間は店のシャッターが降り、静かを通り越して、寂しくさえある。多くの賑やかな西ヨーロッパの町の人口はせいぜい数万人で、街には驚くほどの種類の店と、専門の職人が存在し、街のなかではほとんどの用事が足せるのに比べると、日本の同規模の街では、店の種類も少なく、人口三〇万～五〇万人程度の中心都市へ行かねばほとんど用事が足せないのはなぜだろうか。

日本ではそのような街の多くは「超高齢社会」で人口減少が起こっている。WHO（世界保健機関）は全人口に占める六五歳以上の割合が一四％以上の社会を高齢社会と定義しているから、超高齢社会の定義のないいまはその倍の二八％以上の高齢者割合を持つ市町村を仮に呼ぶことにしよう。日本の市町村を調べると、二〇〇〇年にはすでに八割を超える市町村で高齢者の割合が一五％以上で、そのほとんどで人口が減少し始めている。さらに二割近くの市町村で高齢者の割合が三〇％以上となっている。その全部で人口が減少している。

超高齢社会を伴う人口減少社会はすでに将来のことではない。したがって超高齢社会の結果起こる人口減少が現実の社会であることを認め、その上に立って経済社会政策を立案する必要がある。

### 市町村の人口構造の変遷と経済

ここでいくつかの市町村を例に挙げその将来予測を試みよう。

日本のある都市に経済的な活性があるか否かは、その都市に流入してくる人の数で決まると考えてみよう。活性のある都市には経済の基本となる企業あるいは学校や生活の利便があると考え、そこではその目的に合った人口が増加すると仮定する。経済の発展した国に、開発途上の国から多数の労働者が流入することがその一例であり、戦後の日本の大都市に集団就職の若者が多数集中したのもこれにあたる。このように将来の人口構造は、地域間移動を通じて経済社会的要素が加えられる。この推計を「経済社会的人口推計」と呼ぶ。

一方、成熟社会に到達しつつある日本の都市のあいだで将来の社会構造が大きく異なるもう一つの原因は、その社会を構成する人の年齢構成である。例えばある住宅地が造成され、そこに人が住み始めたとする。その住宅地が一〇年すぎれば、住民は確実に一〇歳年をとる。若い働き盛りの人たちが入居したニュータウンでも、三〇年経てばそのかなりの居住者が高齢になる。その間子供が生まれるなど街の人口構造は時代を追えば確実に変動する。このように、ある時点で、ある定まった人口構造を持つ都市が、時代とともに人口構造を変えていくのを見込んだ人口の推計をすることもできる。すなわち、地域間移動が全くなかったとして、将来の人口構造を推計する。これを「人間生物学的人口推計」と呼ぶ。

ある時点から始めて人の一世代分の約三〇年後にこの二種の推計にどのような相違が生じるだろうか。日本の六六九都市（町村は二〇〇〇以上もあり現在推計中）、四七の都道府県、東京の二三特別区と日本総人口などを含めた七四二の人口集団について一九九五年と二〇〇〇年の国勢調査の人口統計を用い、二〇三〇年の二種の人口推計をすると、各都市のいくつかの将来像が見えてくる。分析の結果をわかりやすくするために、二種の推計の差分を五歳の年齢ごとの階層で計算して、その都市の二〇〇〇年の総人口で割ってみることにする。

結果は九パターンに分けられ、それぞれ特徴をあらわす名称をつけた。また、『日経ビジネス』（二〇〇二年四月一五日号）では、この九パターンをもとに五つに類型化しており、あわせて紹介する。おおよそ人口増加の多い都市から減少する都市の順に並べてある。ある都市の人間生物学的人口変動を基準に、一九九五〜二〇〇〇年で経済・文化などの都市の持つ人口吸引力が変わらないとして計算し、人口移動による変動率をみたものになっている。

ここから、日本の地域経済のある程度の現状が推測できる。二〇三〇年、日本総人口は一一・五％減少するが、ここに挙げた都市ではわずかに二〇％の都市（一四二都市）でしか人口が増加しないから、この順序は、人口減少のわずかな都市から減少度合い順に並べてあると考えてよいだろう。

| | 都市数 | |
|---|---|---|
| ①「とにかく住めれば型」都市 | 五九 | 全世代増加型 |
| ②「住めば都型」都市 | 四七 | バランス成長型 |
| ③「働きにいこう型」都市 | 一〇二 | |
| ④「学校においで型」都市 | 二六 | 現状維持型 |
| ⑤「無変化型」都市 | 三六 | |
| ⑥「外に学びにいこう型」都市 | 二〇 | Uターン型 |
| ⑦「故郷に錦型」都市 | 二二五 | |
| ⑧「望郷型」都市 | 一〇四 | 平均的減少型 |
| ⑨「出て行きます型」都市 | 一一六 | |

まずこれらの類型の説明とその経済の現状を描いてみよう。

①「とにかく住めれば型」都市

名付けた理由は、大都市近郊のベッドタウンと思われる市が多数含まれているからである。人口は現在もなお急増し、義務教育年齢と六五歳以上の高齢者と二五〜五四歳の働き盛りの人口が流入する都市である。現在では兵庫県三田《さんだ》市、東京都稲城《いなぎ》市、愛知県尾張旭《おわりあさひ》市などがその典型だろう。この都市は高度成長期の傾向を維持していて、昼間の人口は極端に少なく、夜間の人口が多い。この原因は多くの場合が都心の土地価格の急騰にあったといってよい。土地価格が急低下した現在では、過去にこの類型に属していた都市の多くで人口の増加が止まり、東京都の多摩ニュータウンや大阪府茨木《いばらき》市のように人口が急減する都市も多数出現した。

例えば東京都多摩市の人口はこの五年間に大きく変わってきた。いまから一〇年前は多摩市はまだ建設途上にある街で、多くの団地と集合住宅が建って、そこへ子供を持つ所得が少し高い夫婦が大量に移動してきた。したがってこのときの移動率を使った予測では四〇歳から上の所得の高い階層が多く一時的な居住地にすることが明らかで、「とにかく住めれば型」の典型都市であった。その結果三〇年後には人口増加に伴って、経済も拡大し非常に高齢化

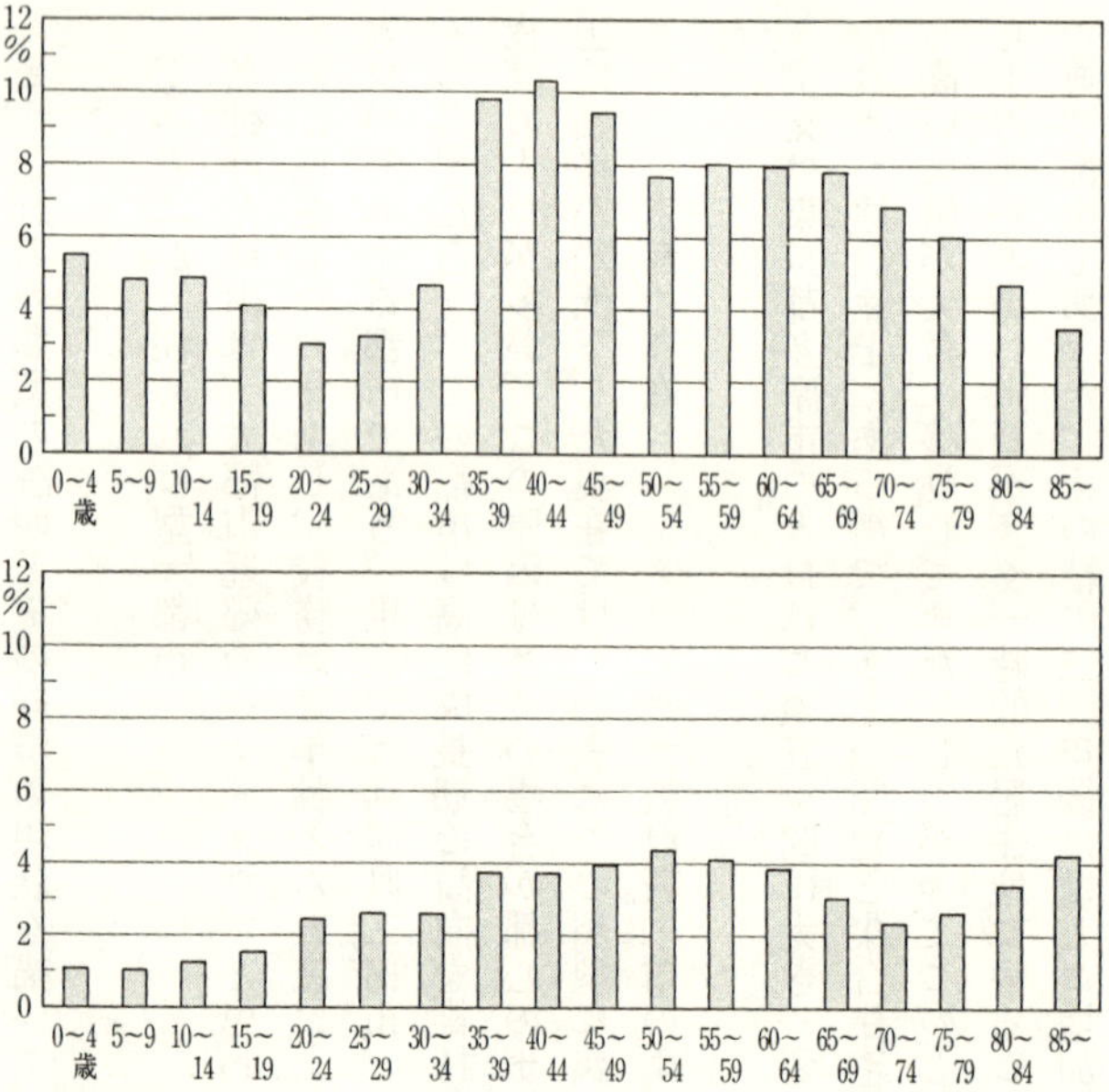


**第28図**　①「とにかく住めれば型」都市の人口流入率（2000～2030年）．兵庫県三田市（上）と東京都稲城市（下）．全年齢階層で流入が起こる．特に幼児と高齢者の流入が多い．

率が高くなることが予測された。

ところがバブル経済の崩壊後一九九五～二〇〇〇年の移動率による人口推計では、その高齢層も人口の増加が小さくなり、二〇歳代後半～三〇歳代前半の子育ての勤労層に至っては減少率が非常に激しく、人口は先細りになるという予測になった。少し貯蓄をした四〇～四五歳の世代がこの五年間に新しい集合住宅に入ってきてはいるが、より貯蓄の多い中高年すなわち五五歳以降の人たちは、かえって都心へ流出してゆく様子がみられる。その結果二〇〇〇～二〇三〇年に生産年齢人口が急激に減少し、高齢化率は二〇三〇年の時点で三六％を超えるという超高齢社会になる。現在のままでは三〇年後「望郷型」の都市となってしまうだろう。多摩市はこのような意味で都市の再設計の必要があり、この五年間に三万戸にも及ぶ住宅を建てたにもかかわらず、三〇年後には五万人が減るという予測が立てられる。この集合住宅をどのように維持するのだろうか。

それに比べ、現在この類型の上位に属する稲城市は多摩ニュータウンでも都心に近い新しい団地で、まだ若い人たちが多い。しかし街の佇まいは既存のニュータウンと同じで、昼間は子供と若い女性、そして老人だけの街となっている。

この都市類型は、被扶養年齢の人口が多いのが特色で、多くは元来社会資本のないところに出現した都市でもあり、人口減少が始まると、いったん住んだところから離れがたい高齢者の割合の急増のために財政負担が増加し、市財政は危機に瀕することになる。高齢者の死んだ後の住宅は空き家となるだろう。この類型に属する都市は、経済の基盤となる人口の将来推計を絶えず行い、職住近接のための産業や学校の誘致や、郊外の緑化都市を目指して住宅の併合による戸数削減などを積極的に目指さなければ、次第に都市は衰退を迎えることだろう。

②「住めば都型」都市

この類型は、住宅を含めた新しい都市機能が整備され、新しい産業も多い、経済的に隆盛な都市と、古くからの文化と産業の中心となった地方独立都市である。このタイプの人口急増都市の多くは大都市周辺にあり、大学もあれば、産業もある新興都市が多い。東京では文教都市の国立《くにたち》市や銀行のデータセンターの多くある府中市、住宅地の世田谷区がこれに属する。関西圏では多くの企業とともに有名な私大を誘致した滋賀県草津市がこれにあたる。愛知県では研究所や事業所が多くあり、新設の大学が集中している日進《にっしん》市もこの範疇である。将来は東京の湾岸地域にもこの型の都市が出現するだろう。多くの都市は東京の西部から西南部に位置し、最初は近郊住宅地である「とにかく住めれば型」の都市から始まるが、産業や大学の誘致に成功すれば、住んだ人にとっては「住めば都」になる。若者が集まる結果、ファッションセンターや情報技術関連産業やSOHO（スモールオフィス・ホームオフィス）など個人を中心とした新しい企業が自発的に始まるのも、こんな都市である。

例えば東京の府中市を取り上げてみよう。この五年間とその前の一九九〇～九五年の五年間の移動率にさほどの変化はない。したがって人口構造がこのあいだで大きな差異をみせることはない。人口は減るには減るが、その割合は日本全体の平均値に比べれば少なく、五五

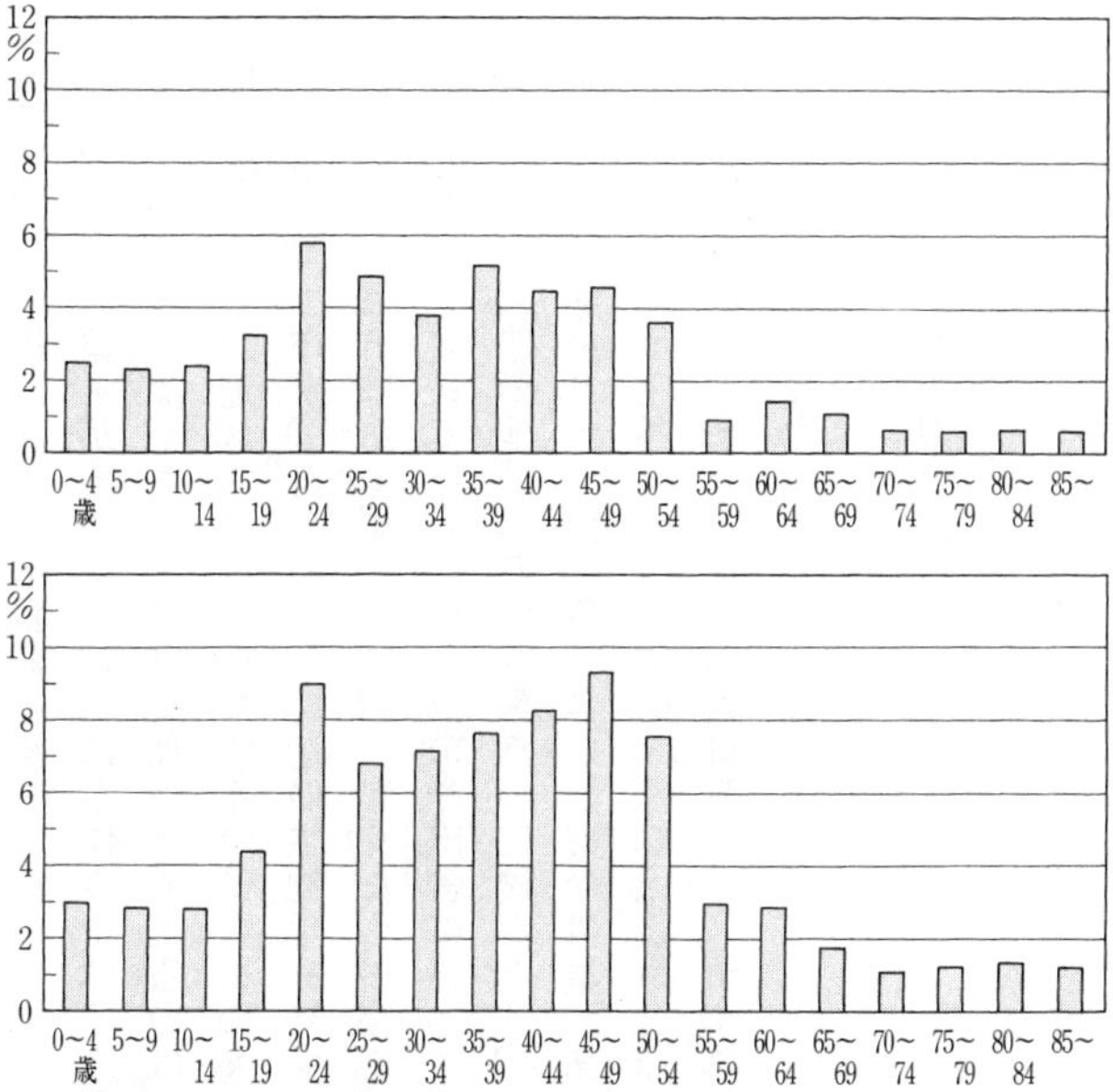


**第29図**　②「住めば都型」都市の人口流入率（2000～2030年）．東京都国立市（上）と滋賀県草津市（下）．全年齢階層で流入が起こる．特に就学者と就労者の流入が多く，高齢者は少ない．

～六四歳の世代が若干流出するだけで、他の年代はむしろこの町に流入してくる。大学や金融機関のデータ処理センター、大手電機会社の工場と住宅街が混在する街で人口は二〇三〇年には一八万五〇〇〇人となり、約三万人の減少が起こる。高齢化率は二〇三〇年に二六％を超え、二〇三五年には二九％と、平均的な日本の将来推計よりやや低い。街をみると、府中市というのは賑やかな街である。大きなデパートも存在し、公園も多く、多摩川の河川敷も自然に満ちている。周りに緑の多い有名な競馬場や広い競艇場もあり、けやき並木があって、いかにも住みやすそうな街だ。それでも二〇万人クラスの西欧の都市に比べれば賑やかさが足りないと感ずるのはなぜだろうか。

地方都市でも安定して人口が推移するのは人口の多い県の県庁所在地で、例えば、大阪市、名古屋市、岡山市も、自らの人口構造の生物学的特性を超えて人口を吸引する力がある。しかしこれらの都市はあくまでも学習し働くための都市で、定年を迎える少し前の五五歳頃から第二の人生を迎えるために他の都市や田舎に移って行く人が多くなり、人口は流出に転ずることが多い。他の地域への住み替えの住民が多く、人生のサイクルに合わせて移動する人が多いという意味では、明日の日本の都市の典型であり、都市人口の高齢化はしにくいが、出生率は東京都世田谷区のように〇・八六人と驚くほど低くなる。人口規模の小さな都市では、個性的な都市も多い。日本の人口減少を分析するモデルには、経済社会活動が十分に維持されているこの型の都市がよいだろう。

③「働きにいこう型」都市

日本の経済を現在支えている企業中心の都市である。かつては日本の都市の半数以上がこれに属し、重厚長大の産業を支える企業城下町をつくったり、大量の工業製品を集中的につ

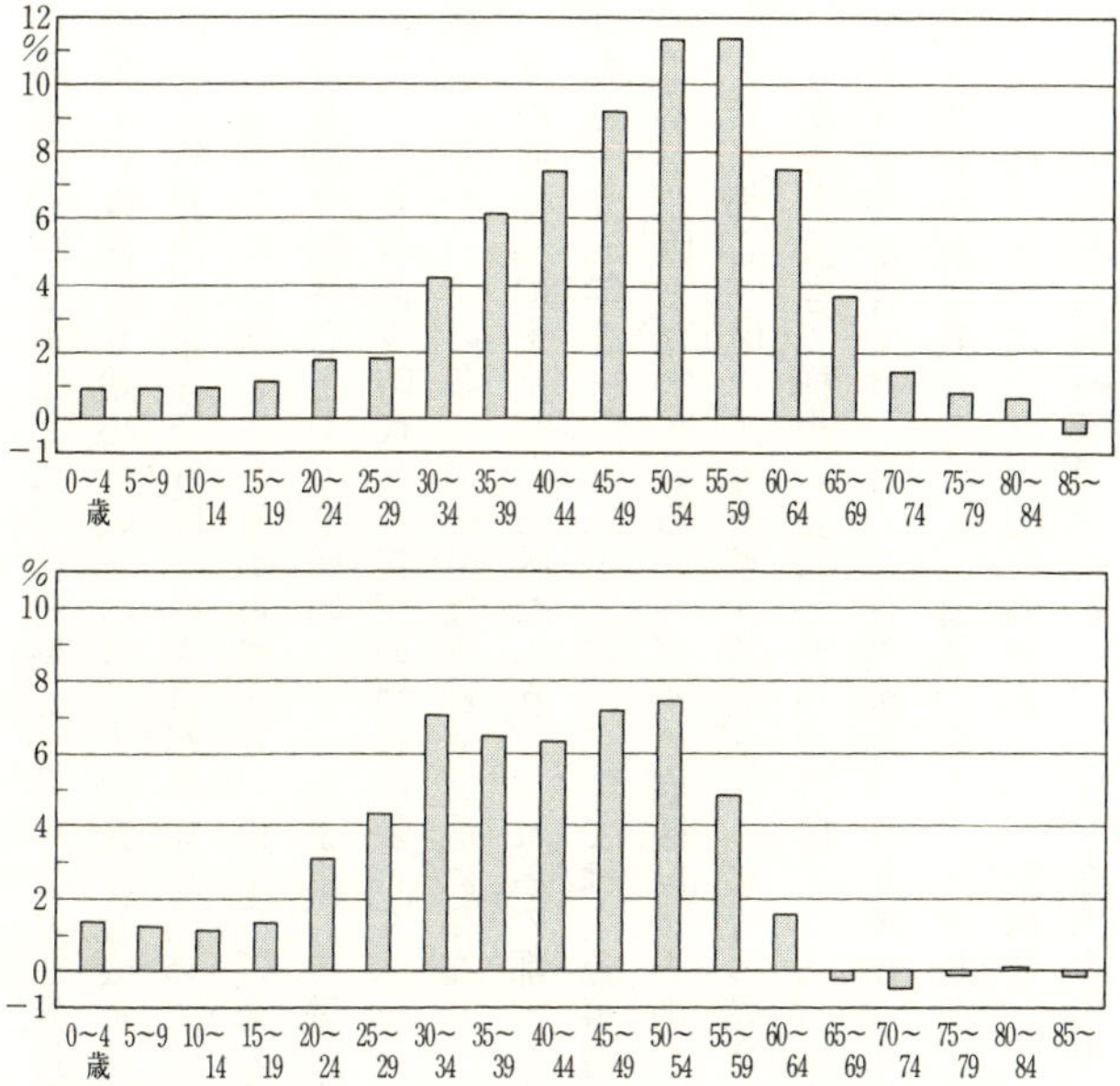


**第30図**　③「働きにいこう型」都市の人口流入率（2000〜2030年）．東京都港区（上）と埼玉県和光市（下）．全年齢階層で流入が起こる．特に就労者の流入が多く，幼児や高齢者は少ない．

くってきたが、高度成長の終わったいまでは、先端技術を駆使して多種多様の専門製品をつくる企業や、消費者のいるところでしか営業できないサービス産業や、消費都市に近い方が経営に有利な消費財の産業が中心となってきた。現在ではこの類型には内陸に独立型の工場を多数持つ都市が多く、二五〜五四歳の人が都市の人間生物学的人口変化の枠を超えて増加する特徴がある。日本の生産の主力が人とモノを大量に使い、海外からの原材料を加工して二次材料をつくったり、重厚長大の構造物をつくってきた過去の産業都市とは異なり始めているのは、人口減少社会に適応している証拠であろう。東京都心三区（千代田区、中央区、港区）の人口が増加し始めているのは、金融・情報などの現代産業の中心部がここに属しているからであり、東京都近郊の埼玉県和光《わこう》市や戸田《とだ》市、政令都市に指定され第三副都心ともなり始めたさいたま市、黒壁で有名な街づくりをしている滋賀県長浜市など、人口減少時代でも特定の消費に限ってみれば成長する産業があることを納得させる都市が多い。その多くは平坦な平野や盆地に存在していて、大都市圏に比較的近い。

その典型例は東京都心三区だろう。これらの都市も高齢化が進むと考えられているが、一九九〇〜九五年と一九九五〜二〇〇〇年では大分事情が異なってきている。それは土地価格の下落が原因となっている。バブルの崩壊以後土地の価格が急落しようやく普通のサラリーマンでも都心三区に土地や家が買えるようになり始めた。

なかでも大きく様相の変わったのは港区である。一九九〇〜九五年の移動率による人口ピラミッドの推計では、驚くほどの数の男性が流出するため、男性の人口減少が激しく、将来男女比が極端に異なるなど、普通の都市の未来推計とはかけはなれた推計結果となった。しかし一九九五年になり土地の価格が下がった結果、人口は大幅に増加する予測となった。二〇三〇年の流入年齢階層をみると、二五〜五四歳の働き盛りの人口が、生物学的根拠による推計よりも五〇％も多いことがわかる。ここから世帯推計をすると将来必要になるマンションまたは集合住宅の数が推計できるものと思われる。高齢化率も二一％で二〇三〇年を迎え、日本の平均よりはるかに若い人口構造となる。

都市の周辺に立地した工場が単純労働に近い労働力を多数必要とする場合は、まずは人口減少が止まる。理由は外国人労働者が流入するためである。例えば群馬県桐生《きりゅう》市は絹産業の町であった。町には絹産業の街らしくブティックが多くあり、いまでも東武鉄道の駅前はかなり立派である。しかし、平日の町はなんとなく寂しい。人口推計を行うと生産年齢に属するほとんどの世代で人が流出する結果、一九九五年に一二万人あった人口は二〇三〇年に六万七〇〇〇人と半減する可能性がある。高齢化率はすでに二〇〇〇年で二二％を超え、二〇三〇年には三七％と超高齢社会に達する。街の中心に人を集める工夫をしなければ、駅前の街はシャッターの閉まったゴーストタウンとなる可能性がある。ところがこの都市の周辺に自動車産業関連のいくつかの工場が登場した。途端に駅前には外国人労働者のための店が散見されるようになる。

これに比べると二〇〇〇年に人口一四万六〇〇〇人の同県太田市はまだ人口構造の若い市である。自動車製造関連の企業が多く、外国人労働者が人口の二・四％、三四〇〇人ほども居住している市である。人口はこれからも増加し、二〇一〇年頃には一五万人程度となりピークに達する。高齢化率は二〇〇〇年で一四％程度、二〇三〇年には二六％に達する。移動率は男性と女性では多少異なる。桐生市のように一方的に全ての年齢階層で流出することはなく、三〇歳以上の働き盛りの男性が流出を始めている。これに対し一〇代〜二〇代の男性の流入が多いのは、おそらくは外国人労働者であろう。女性は二〇代の流入が多く、東南アジアの女性で占められているとみなされる。

この推計から推測がつくことは、駅前の風景が日本離れをしているだろうということである。現実に駅前は商店街が完全に衰退し、大きなスーパー（客のかなり多くは外国人）一つといくつかのビジネスホテル、さらには夜の客を相手にする風俗店が並ぶ殺風景な光景が出現している。駅前にあるのは多数の駐車場（それも空きスペースが多い）と巨大な交番といった風景だ。駅前を少し離れたところに小さな Halal Food Shop（イスラム系の人のためのお祈りをすませた食材店）やポルトガル語の看板の小さなレストランなどが密集し、昼間も夜も人影があまりない。古くからいた街の住民は駅前から離れた国道沿いに移転したと思われる。現実に歩いている人や自転車に乗った人の大半は外国人で、日本人は国道沿いの巨大なスーパーマーケットの集合体で買い物をしているようだ。駅から数分のところにある立派な市役所には、外国人専用の大きな窓口が用意されているなど将来の日本の都市の一つの姿を示している。

④「学校においで型」都市、⑤「無変化型」都市、⑥「外に学びにいこう型」都市

この三種の都市は生物学的人口推計とほぼ一致するという点で安定した都市ともいえるだろう。これらの都市は日本の人口推移と同じような人口減少を起こすので、日本の平均的姿をそのまま将来に示す代表都市ともいえよう。奈良市、熊本市、秋田市、石川県金沢市など多くの県庁所在地や岡山県倉敷市、長野県松本市など古い都市がここに属する。「学校においで型」は一五〜二四歳の高等教育で修学する世代の人口が流入するため増加し、実際に働く二五〜五四歳の人口が流出する型で、この市は大学などに入るために来る人が多く、卒業すると他の都市へ就職していくことをあらわしている。一方「外に学びにいこう型」の都市は「学校においで型」とは逆の年齢構造になっていて、自らの都市に大学等の教育機関が少なく、教育を受けに外部の大学へ出て行くが、就職のときにUターンして地元の産業に戻ってくるような都市を意味している。「無変化型」は、ほとんど流出・流入による人口の増減がなく、日本の将来の人口動向に近い推移をする都市を意味している。これらの都市は二〇〇〇年の推計では比較的少数である。

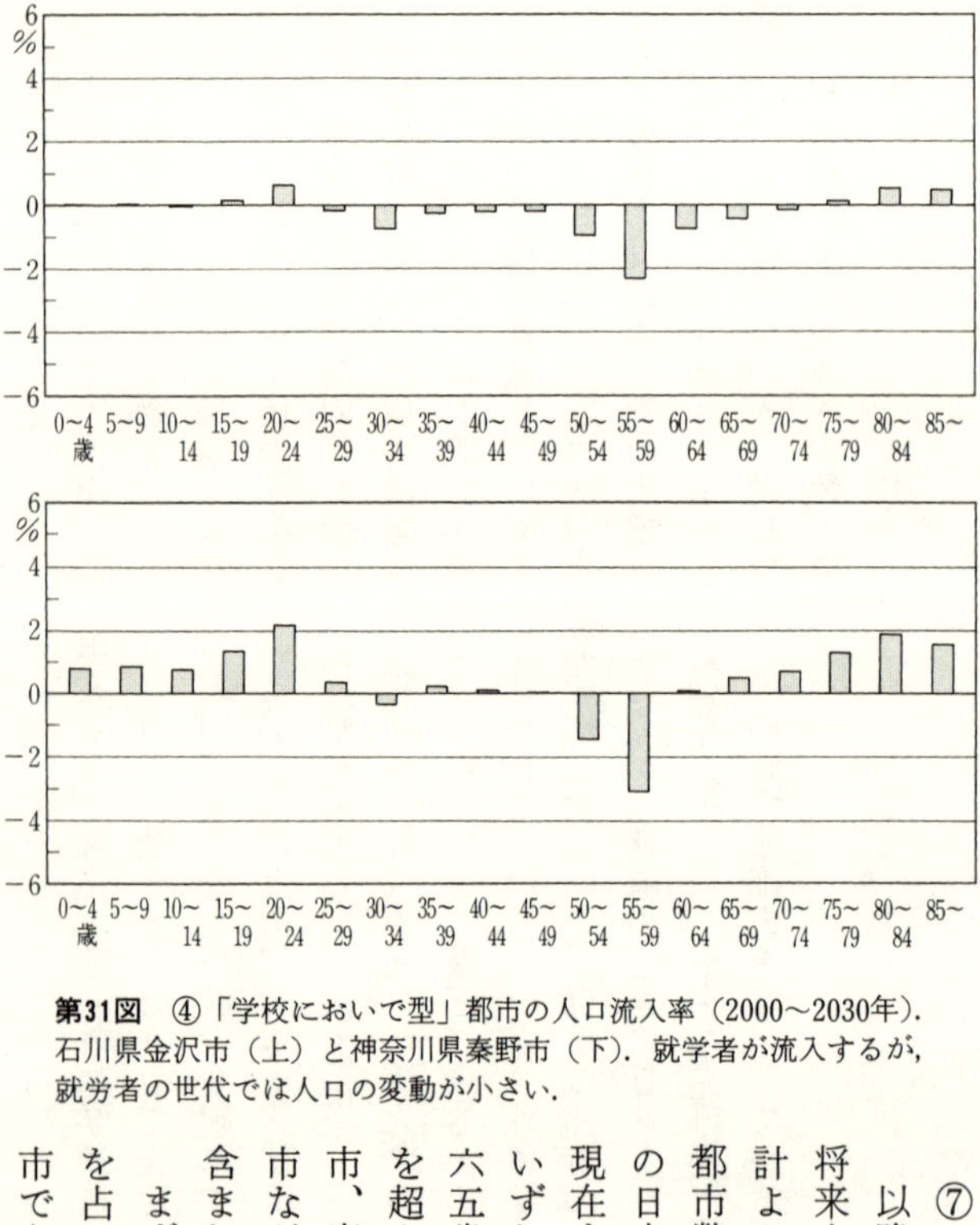


**第31図**　④「学校においで型」都市の人口流入率（2000～2030年）．石川県金沢市（上）と神奈川県秦野市（下）．就学者が流入するが，就労者の世代では人口の変動が小さい．

⑦「故郷に錦型」都市
以降の三類型はいずれも将来人口が人間生物学的推計より減少するタイプで、都市数も六割を超え、将来の日本の大半の都市構造を現在すでに暗示している。いずれも比較的早いうちに六五歳以上の人口が三〇%を超えると推計される福島市、青森市、山形市、大分市など日本の代表的都市が含まれている。

まず全国の市の約三〇%を占める「故郷に錦型」都市である。高等教育機関へ

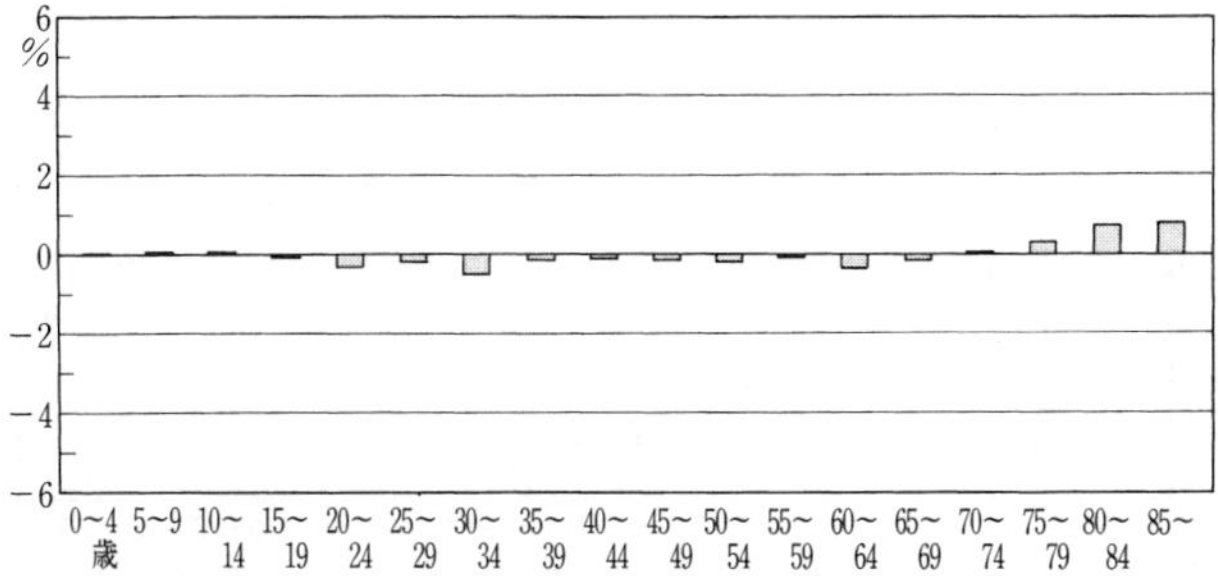


**第32図**　⑤「無変化型」都市の人口流入率（2000〜2030年）．岡山県倉敷市．統計上は人口の変動が起こらない．日本の人口推移とほぼ一致する．

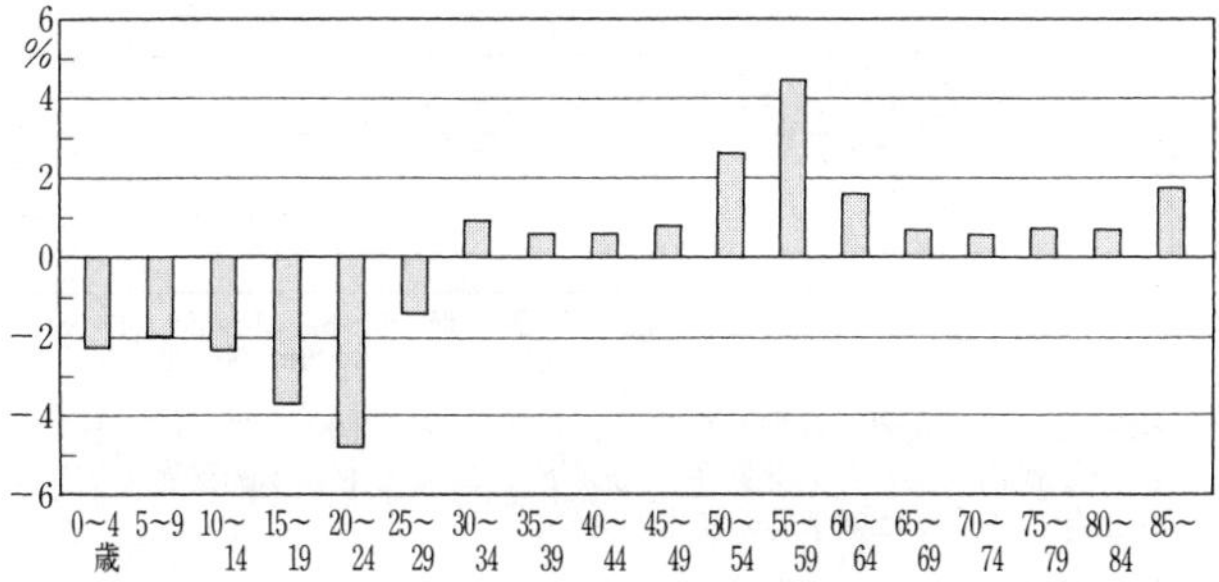


**第33図**　⑥「外に学びにいこう型」都市の人口流入率（2000〜2030年）．沖縄県石垣市．就学者が流出し，就労者・高齢者が流入する．

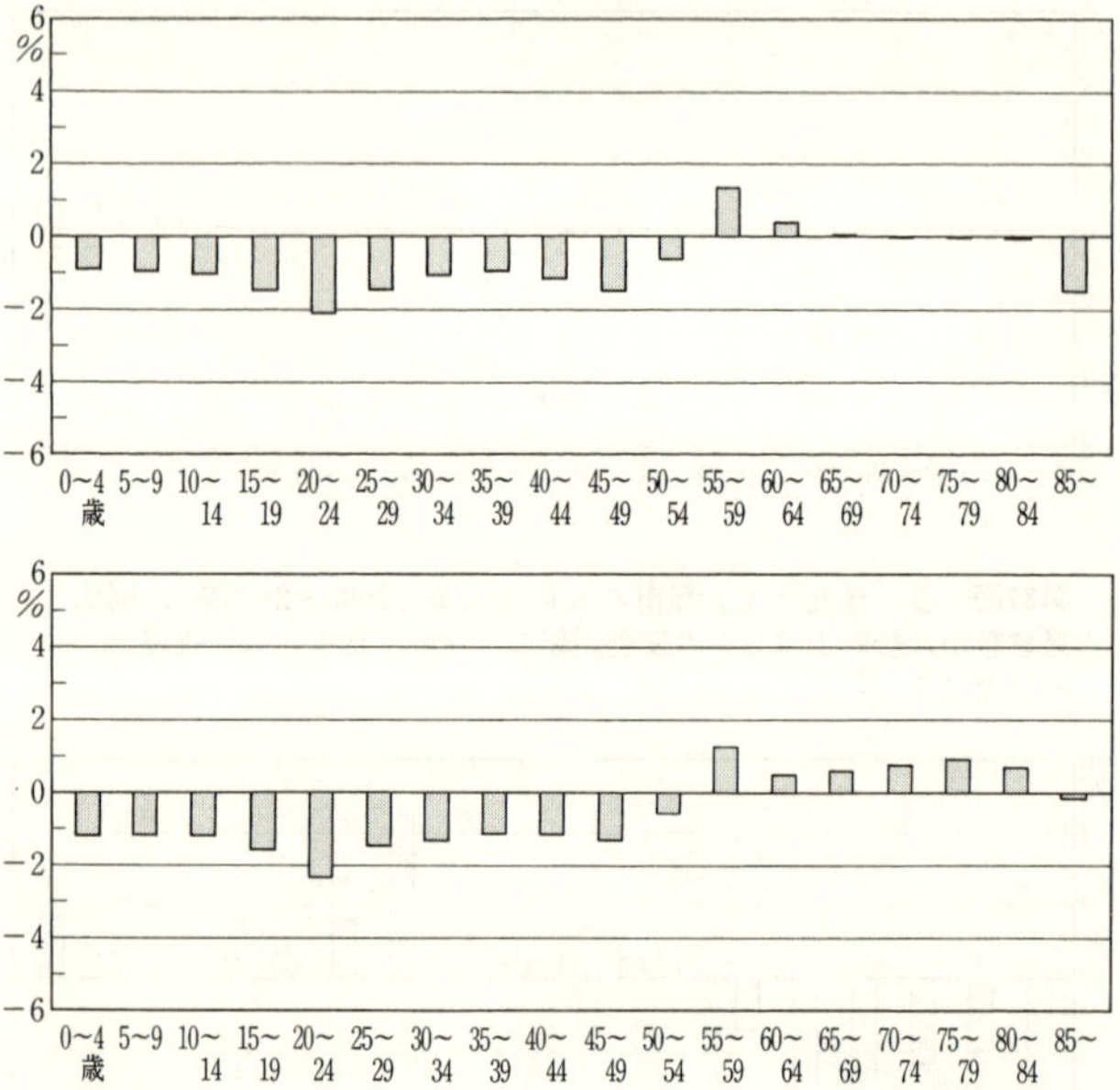


**第34図**　⑦「故郷に錦型」都市の人口流入率（2000～2030年）．秋田県能代市（上）と大分県中津市（下）．54歳までの年齢階層で流出が起こる．特に就学者の流出が多い．

の修学期である一五～二四歳の世代がその都市から外へ移動し、その都市に彼らの帰るべき就業先があまりないために就労期である二五～五四歳で故郷に帰ることがない。「故郷に錦を飾る」の故事には「自分は次三男であるが、故郷には長男がいて家業を継いでおり、錦を飾らなければ故郷に帰れない」という意味が含まれていることからつけたもので、実際には「家計を支えるだけの十分な収入がある企業が故郷にないため帰らない」のである。大都会でほぼ五四歳で定年期に達した人たちは、第二の人生を目指して実家のある故郷やあるいは自分の住みたい都市に流入するため、五五〜六四歳の世代でその都市の人口が増加する現象がみられる。ある人にとってはそこは故郷であり、他の人にとっては第二の就業先であるかもしれない。この都市の多くは物価が安く、ゆったりとしていて魅力があり、ある人は半農の生活となり、必要な消費物はほとんどいらなくなるかもしれないし、ペンションや地域ボランティアを選ぶ人も多くいるだろう。元気なあいだは働いて、もっと高齢の七五歳以上になるともはや故郷に骨を埋めることになり、人口移動は起こらない。この人たちが日本の三〇%の都市が人口減少を起こすのを軽減しているのである。これが町村のレベルになるともっと割合が多くなるだろう。実際にこのような町村の財政構造を調べると、最も多い歳入は年金にかかる地方税となっている。これらの都市に必要な政策は、その都市にUターンできる職場の創出や、人口の大部分を占める五五歳を超えた年齢層が自由に集まり、日常を送れる都市構造ということになるだろう。人口減少の現実を眺め、新しい都市設計をするには、まさにこのような都市を対象にする必要がある。

⑧「望郷型」都市、⑨「出て行きます型」都市

「望郷型」都市はさらに深刻な未来を示している。この類型の都市は七五歳以上の後期高齢

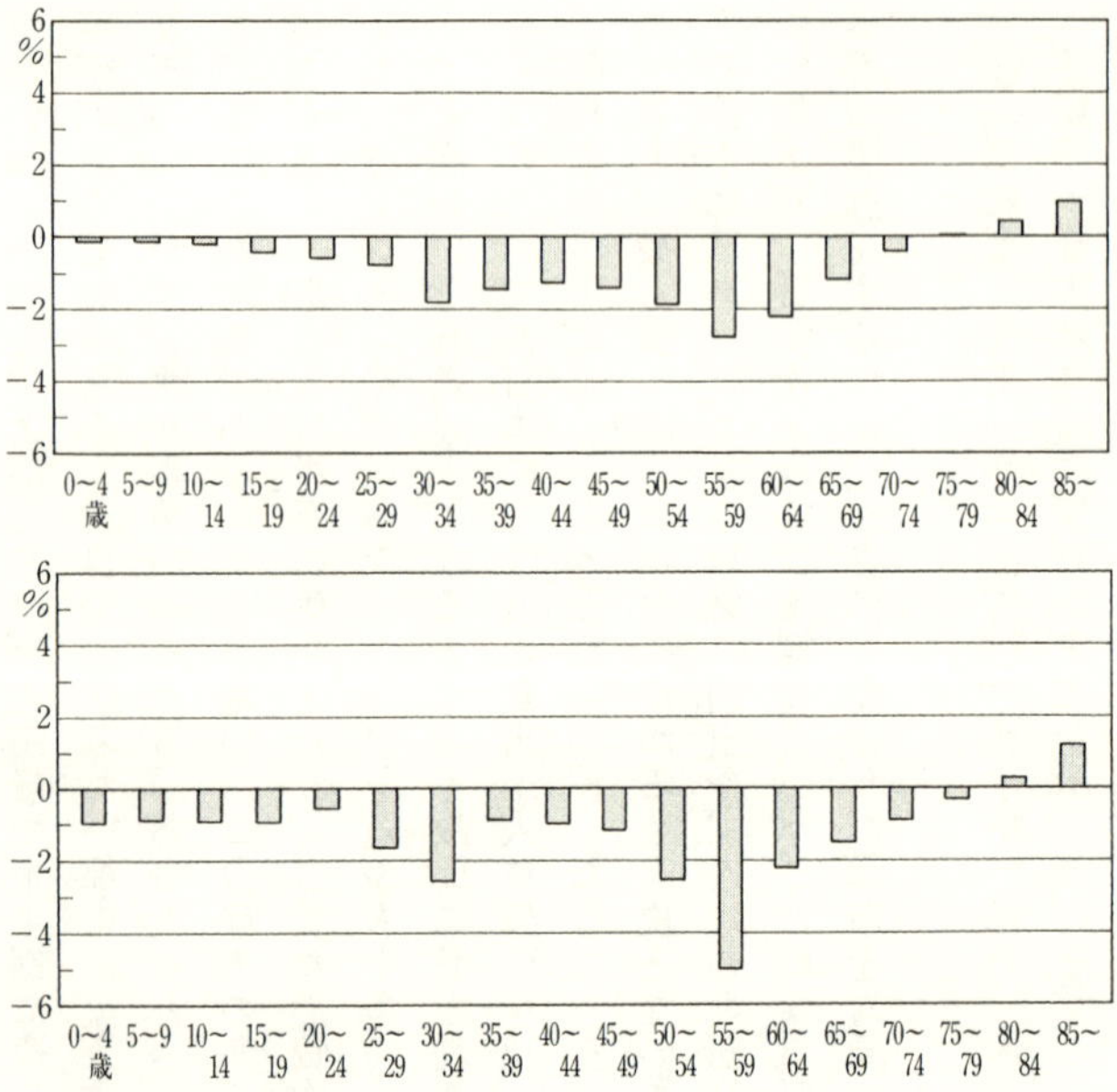


**第35図**　⑧「望郷型」都市の人口流入率（2000～2030年）．大阪府高槻市（上）と東京都多摩市（下）．64歳までの年齢階層で流出が起こる．

者のみが日本の平均的増加率より多く増加し流入する都市である。増加はこの都市の平均寿命が日本の平均寿命より長い場合も起こる。この類型が日本の都市の一〇%以上を占める。これらの都市は基幹となる企業や地場産業が衰退期を迎えており、人口減少が激しい都市である。ひとたび若いうちに他の都市に就労すると、生活できるあいだはその都市に戻ることがなく、やがては出身都市に生活の基盤が全くなくなる。最終的に

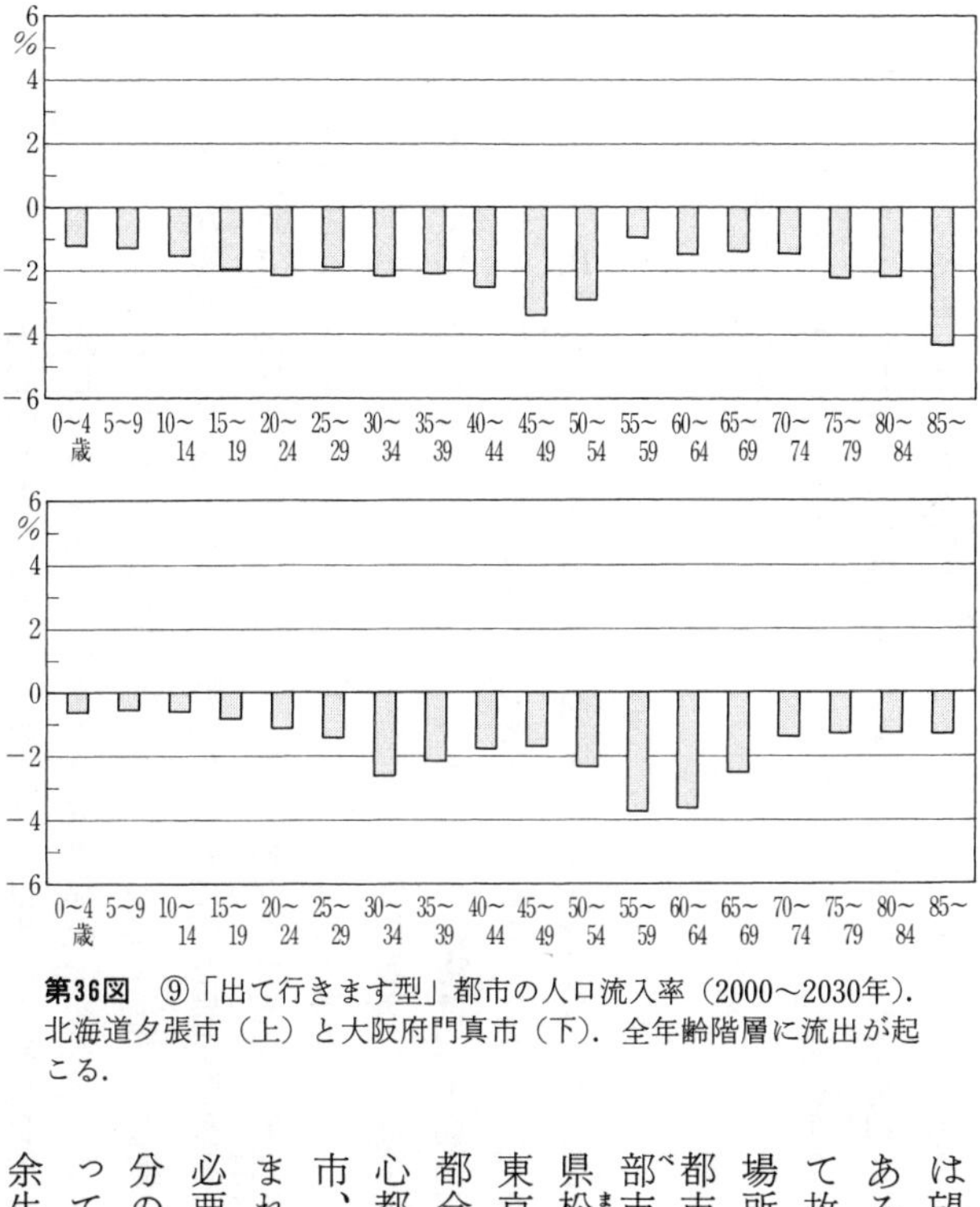


**第36図**　⑨「出て行きます型」都市の人口流入率（2000～2030年）．北海道夕張市（上）と大阪府門真市（下）．全年齢階層に流出が起こる．

は望郷の念もだしがたくはあるが、自分の身内を頼って故郷または介護が可能な場所に帰る型である。この都市のなかには埼玉県春日《かすか》部《べ》市、大阪府豊中《とよなか》市、千葉県松戸《まつど》市、大阪府箕面《みのお》市、東京都多摩市など多くの大都会周辺の都市や、地方中心都市の札幌市や三重県津市、山口県宇部市などが含まれており、多くは介護が必要となった高齢者が、自分の息子や娘のところに帰っていき、介護センターに余生を委託することになるとも考えられる。当然のことながら、そのような自治体の財政負担は大きくなる。

最も人口減少が激しいのは「出て行きます型」都市である。このなかには北海道夕張《ゆうばり》市や歌志内《うたしない》市のように主力産業であった炭鉱がなくなって、生活の基盤が崩れた都市もある。日本の代表的な臨海工業都市で企業城下町を形成していた岩手県釜石市や北海道室蘭市、さらにはつい最近まで隆盛を誇った、家電メーカーの存在する大阪府門真《かどま》市や茨城県日立市など、大きな工場とその周辺の工場従業員の社宅や購買部までを含めて一大産業集団をつくっていた都市は、供給素材の価格低下や後発工業国との価格競争に負けて、工場閉鎖や企業再編による町の産業縮小を余儀なくされてきた。これらの都市は、工場の規模も大きく、都市環境も住みやすいとはいえず、人口減少は急激に起こることになった。全部の年齢階層がこの都市を見捨てて出ていってしまうのである。人口が少なくなったときに、都市の再開発を行う機会がくる。

### イギリスの地方都市から

人口が減る社会で問題なのは、どのようにして安定した成熟社会となるかである。ここでは、そのような安定した社会状態を長く保ってきた国々の市町村を訪ねて、一体どうしたら安定した社会構造がつくれるのかというところに重点を置いて考えてみよう。

長い時間をかけて高齢社会に移行したイギリスへ、最も季節のよいといわれる六月初旬に出かけた。イギリスの大都会ではなく中小都市から小さな集落を自分の足でみて回り、そこで一体何が起こっているのかを日本と比較して考えてみた。そこにはこれからの日本の人口減少社会が成熟社会になるときの着地点がみえるかもしれないからである。イギリスの人口二〇万人以下の町（そのなかには人口数千人の町や数十戸の集落まで含まれている）へ週日の昼間に入ると、そこでは日本の町と全く違うことが起こっている。

真っ先に気がつくのが、どのような町でも日中にきわめて人が多いことだ。これは日本の住宅地に近い市街地内では、商店は人が全くといってよいほどみられない状態とは対照的である。西ヨーロッパ諸国を訪ねたときに感じる、街の中心地に人が多いという印象はイギリスでも感じられる。昼間に街を歩いている人の人口構成をみると、およそ五割は高齢者である。そして一割が子供つまり就学前の子供と赤ん坊、そしてそれを連れた人たちが約二割ということになる。したがって残りの二割が年齢階級別で最も人口の多い働いている人たちということになる。建物のなかで仕事をしている人と学童は街には出てきていないわけだから、この町の高齢化率はもっと低いのだろう。このような状態を考慮に入れて街を見渡すと、昼間の街にいる人の高齢化率は五割ということが如実に知れ、日本で最も高齢化率の高い山口県東和町《とうわ》（高齢化率は約五割）の人口の状況がそのままこの昼間の街にあてはまる。そしてそのような高齢社会にもかかわらず、社会がうまく動いている。

観察の結果からおそらく正しいと思えるのは、昼間の街に関していえば若者の人口が大きい街ほど、ごく中心街はさておいて、一般の市街は寂れているということである。それに比べて若者が比較的少なく高齢者が多く乳幼児の多い人口一万人からせいぜい五万人程度の街というのは、全てきわめて個性的で賑やかで人が活発に活動している。そのような街の仕組みはどこからきているのだろうか。

①歩行者天国

まず特徴的な第一点は街の中央に歩行者天国(pedestrian zone)があることだろう。このゾーンは歩道と車道の区別がないことが多い(区別がないから歩道と車道のあいだの段差などはない)。ここにはバスや郵便車など公共の車が入ってくるのが普通で、日本の歩行者天国が一切車を入れないのとは異なっている。一般の車はあちこちに散在する駐車場に止められている。駐車のルールはペイ・アンド・ディスプレイである。自分の必要な時間分のチケットを買い、窓に貼り付けておくわけだ。駐車場を見張っているのは六五歳以上の高齢者と思われる人たちで、料金の貼り紙をみて回り、時間を超えて止めている人に対して、料金の一〇倍を支払わせる券を渡している。駐車係員や制服の監視員が回る日本のシステムとは異ななっている。低床の小さな公共バスがこまめに歩行者天国を通り抜けていくため、足腰の弱い高齢者も朝から街へ出てこられる仕組みとなっている。

さらに重要なのは多くのベンチが街のあちこちにあることだろう。長時間街のなかで過ごし、知り合いに会い、話をし、ときにはサンドイッチをほおばるには座るところが必要である。日本のいままでの街の中心にはバス停ぐらいしかベンチはないのが普通だが、最近設計された新しい市街地の中心には佇む場所が用意されるようになった。

②車椅子とシニアカー

街には車椅子とシニアカー（電気駆動の四輪車）に乗った人が多くみられる（第37図）。中心街は全てバリアフリーになっている。日本人ならこのシニアカーで家から街まで出てくるのは大変だろうなと考えるだろう。しかし彼らはそれに乗って街へやってきたのではない。街の中央の広場の隣には、市町村協賛と書かれたシニアカーのレンタルショップがあり、多くの老人は街までバスか車に乗ってきて、街のバス停や駐車場から、レンタルのオフィスまで歩いて行ってシニアカーを借り、街のなかを走っている。よく日本の農村で畑へシニアカーに乗って出かけている人をみかけるが、一般の車の通る公道で走るシニアカーをみたことはなかった。

## ③図書館とタウンホールと大学

街に人が集まるのにはもう一つ理由がある。街の中心には多くの公共施設が存在しそれを歩行者天国が結んでいるということだ。第一に目立つのが図書館で、必ず街の目抜きのとこ

**第37図**　シニアカーに乗った老人（上）とシニアカーのレンタルショップ（下）.

ろにある。さらにタウンホールと教会も街の中心にある。最初は教会を中心に街ができたのだろうが、街の中心は次第に拡大し、教会の周りに人がうんといるということはなく、かえって図書館やタウンホールの周りに人が多い。必ずあるのは公共トイレだ。きわめてきれいに維持されていて米国の公共トイレのように怖くはない。どんな小さな街へ行っても、おおむね同じような構造の公共トイレがあり、洗剤、水、乾燥温風と順番に出てくる自動機器が必ず備わっている。もう一つ街の中心にあるのが大学である。しかも巨大な大学のキャンパスがあるのではなく、多くは日本でいえば短大にあたるような、何々カレッジと書かれた学校や、何々分校と書かれた有名な大学の分校である。そこにはいわゆる生涯学習の場として「College of Further Education」という標識が立っていたりする。

④乳幼児

乳幼児に目を転じてみよう。観察したのは多くの小さな街であるにもかかわらず、きわめて乳幼児が多いことに気がつく。英国の女性が産む子供の数は一・五人程度で日本よりは高い値であるが、地方の都市でそんなに多く生まれているという値ではない。それにしても子供が目立つのだ。修学以前の子供たちは誰かに付き添われて街に出てきている。連れている人は父親や母親で、両親に連れられている子が最も多い（この話は週日だということを忘れないでほしい)。特に乳母車に乗るような子供は、母親だけでなく父親も一緒に連れ添って歩いている。きっと英国の首相ブレア氏がするように、男親も育児の義務を負っているのが普通といってよさそうだ。さらに驚くべきことは、二人乗り以上の大きさの乳母車がいっぱい街にあるということだ。最初は双子が多いのかと思ってみていたが、それを押している人は多くが若い女性で、明らかに同じユニフォームを着ている。保母さんたちが何人かの子供を引き連れて街へ出てくるのである。街の中央に保育施設があるからだ。

⑤要介護高齢者

入院患者を大量に集めなければならない病院や、日本でいう特別養護老人ホームのように動くことすらできない老人たちを集める施設は、街の中央ではあまりみかけることがない。あるのはナショナル・ヘルス・サービス(NHS)の保健センターまでで、ここは多分デイケアやその他の動くことのできる要介護者を集めているのだろう。そこに人を運んでくる車も決して大きな車ではなく、日本でいう軽トラックの類を改造して車椅子ごと乗せられるようにした小型の車で、歩行者天国にも入ってくる。

このようにみていくと、歩くなり車椅子に乗るなりして街で過ごせる人は、全て街の中央に出て来て一日が送れるようなシステムができ上がっているということがわかってくる。車椅子に乗った高齢者たちが周りの人と賑やかに話す姿や、お母さんたちが乳母車を置いてサンドイッチをほおばる姿というのがよくみられる。そしてその女性たちが、いずれも日本の母親よりずっと年をとっている。

⑥書店、ブティック、フリーストア

店について気づくのは本屋が予想外にあるということだ。当然大きな街の巨大なショッピングセンターなどには新刊書だけ販売している書店もあるが、そういう店ではなく、新刊本と同時に古本も売っているというような店を街中でよくみかける。その外観は多くの絵で飾られ、複製やリトグラフのギャラリーになっていることも多い。本装丁の本を中心に販売し、他に仮製本のいわゆるペーパーバックを交換する店（日本の古書店のような店）もある。本屋が一種の印刷物の総合センターとして機能している。

次いで目につくのは、日本の小さな街と違って多くのブティックや衣料品店が並んでいるのだが、そこに多くの老人夫婦客が入っているということである。老人はなかなかおしゃれで、老人がきれいな着物を着ることは一種の習慣なのだろう。それだけ多くのブティックが必要となる。

また日本ではみられない店というのもある。フリーストアと書かれた店があるのだが、荒っぽく訳せば居酒屋である。朝から開いていて、男性だけでなく女性も子供もなかにいることがある。一種のパブのような構造だが、その店のなかにはもちろんパブが存在し、その他に座り心地のよさそうな椅子と、かなりの蔵書が置かれているところが多い。一種の社交場でもある。酒は午前一一時をすぎないと出ないが、簡単な食事を持ってくることもでき、街のあちこちにあるもので、パブと同じような役割を果たしているのだろう。パブ自体は最近ではモダンになって、女性も入るようになったために、ハンバーガーやスパゲッティーのような食事のメニューも並んでいるが、酒を飲むところについては、基本的には昔のままである。いくつかの遊び道具が置いてあるのが常であって、ダーツをやったり、古くからあるゲームを楽しんでいる人もいて、これも熟年や高齢者向けである。

いわゆるリサイクル商品を売っている店もある。その多くは財団などの出店で、例えばBritish Heart Foundation（イギリス心臓財団）がリサイクルされた商品、特に衣料品を店頭に並べて販売している風景が、大きな街ならみられる。

**日本の高齢社会と比べると**

ここでヨーロッパの街での印象を、日本の高齢社会と照らし合わせて考えてみることにしよう。イギリスでもその他の国でも、地方の安定した都市というのはそれなりのよさがある。

そのよさをつくり出しているのは、街の中央に住民が利用する施設がほとんど集中して整備されていることだろう。こういったところでは動ける人が街に出てくれば、誰か知り合いをみつけて一日過ごすことができるという場になっている。

このような場として日本で思い浮かぶのは、最近各自治体のつくっている「道の駅」の周辺で、西欧の街と似たような場を提供している。道の駅は元来国道や県道に面していて車の便がよく、二四時間使える掃除が行き届いたトイレと無料の駐車場が十分にあり、その周辺に公民館や地域物産販売店、小さな食堂、さらには催し物の行われる場所と全部が揃っているのが普通だ。最初は観光客や車の旅行者相手につくられていたが、やがて街の人も、そこに集まれば何らかの時間を過ごすことができるとわかると、人々が週日の昼間から集まってくる。公共湯である日帰り温泉があるところもあり、医療保健センターや在宅介護センター、さらには特別養護老人ホームがこのそばにあるところも散見されるようになった。ここに公共の図書館があったら、ほとんどイギリスやイタリアの小さな街と似た雰囲気になるだろう。周りに商店街があればなおさらよい。地域の特徴のある店を眺めるのは住民にとっても外部の人にとっても好ましいことに違いない。

観光地でないこのような場所につくられる駐車場が、どこでも無料で、この建物の駐車場はこの目的にしか使わせないといった心の狭さがないのもよい。あるいはイギリスより進んでいるかもしれない。公共駐車場はどこも同じ仕組み、同じ街では同じ料金で入れるというのが、駐車場の基本原則として望ましい。

日本の街がヨーロッパと異なるのは、このような場所が最初からバリアフリーとして設計されていないことだろう。ある程度のハンディキャップを持つ人たちには、身体的なハンディキャップばかりでなく、年齢にかかわるハンディキャップ、例えば、乳児、幼児、手足の衰えた老人たちなども含まれる。各々の人が個性豊かに独立しているという社会は、このような場を提供する必要があることをよく認識しているといえよう。

人の社会の成長は決して生産物や公共投資額で決まるものではない。その街で悠々と過ごせる人的、物的、時間的空間をつくることが重要だ。公的施設は街の中央に集めようではないか。しかし、全てが公的施設で占められるのではなく、部分的には地域の民間の業者が入ってもよい施設にすべきだろう。日本で真っ先に整備されなければいけないのは、このような一般の人が自由に使えるような公共の施設である。幸い現在の地方の小都市、市町村は、補助金財政によって立派な公共建築物を揃えるようになった。イギリスでは多くの公共建物はジョージ王時代（ジョージ一世〜四世の時代。一七一四〜一八三〇）以降の古い時代から建築されたものが残っている。二〇〇年以上も前から営々とつくられてきたこれらの建物は、イギリスが隆盛だった時代にその財政力を使って整備された地方の遺産なのだ。日本もこれらの公的施設のもっと有効な使い方を考えなければならない。そして街にはできるだけ多くの人が容易に集まれる仕かけをつくらなければならないだろう。

## 人口減少下の地域社会を考えてみよう

このようにして人口減少が起こった社会の行く先を推定してみると、これから起こる社会現象のそれぞれがみえない糸で結びつけられていて一つの方向へと向かっているようにみえる。それは一人一人の幸福という糸だろう。その幸福の実現は国が成長し産業が拡大をたどってきた時代をもう一度取り戻すことで得られるのではない。人を地域で生活する住民としてとらえ、さらには人々が生活する生存空間を重視する見方こそが重要だということだ。そしてそのような社会をどのように運営するかには、右肩上がりの成長を前提としてきたこれまでの経済の根本的転換が必要だろう。

いままで賑やかだった中心街が、土地を手放すことができないまま朽ち果てている中小都市が多い。中小都市こそ将来の都市の経済モデルになるべきなのに、である。人口減少社会に向けて思い切った設計変更を行い個性のある街にし、住民一人一人の個性的な生涯の生活プランが立てられ、生産物の総額で評価するのではない新しい価値基準で評価できるような街をデザインすることが、次のその街の繁栄をもたらすことになるだろう。それには成熟した社会とはどのようなものかを、もう一度街の人たちに問うてみるより方法はない。

# おわりに

今後、日本の人口は確実に減少する。しかしそれは日本だけの現象ではない。他の先進諸国や人口の多い東アジアにおいても、これから三〇年以内には減少に向かうことが予想される。死亡率が出生率を上回るという状態を間もなく多くの国が経験するのであり、それは、ヒトという種がすでに個体数の減少という段階に突入したのだとも考えられる。

多くの生物学者が指摘するように、食物や環境の制約がない条件下で、自ら個体数を減らしてきた生物種はこれまで観測されていない。しかしヒトという種においては、そうした制約を迎える前に、個体数の減少というメカニズムが生じた。ヒトは、個体数の増加が食物の不足や生存環境の悪化を招き、衰退の運命をたどった多くの生物種があったことを知り、自らの知恵で永続する安定したヒト社会をつくり出そうとしているのかもしれない。

いずれにせよ世界的に人口はやがて極大値に達し、これまでの「右肩上がり」から「右肩下がり」に転ずる。そして経済の大きさを決定する最も大きな要素は人口の増減であるから、経済もまた、遠からず右肩下がりに転じる。それを経済の「衰退」ととらえる見方が多いのは、なにも日本だけではない。ヨーロッパ連合（EU）の結成も、経済の面からみれば、若い人口を抱えた国を取り込んで人口の増加を図り、経済の「成長」を確保しようとする動きであるとも考えられる。先進国のなかでアメリカだけは当分のあいだ、確実に右肩上がりの経済成長を続けることが予想される。西欧諸国がそれを自らの社会にとっての脅威ととらえたであろうことは、あながち間違った推測とはいえないだろう。

しかしそのアメリカでも、これから三〇年以内には人口は減少に転じ、やがて経済も右肩下がりに転ずることが予想される。先進国経済から、遠からず成長の二文字が消えるのである。つまりは、ヒトという種と同様に、ヒトの経済もまた極大値を迎え、不可逆的な縮小という段階に突入する。それを「衰退」ととらえるべきだろうか。資源と環境の制約が生ずる前に、経済の永続性を確保すべく、人口減少が、経済それ自体に縮小のメカニズムを生じさせたとは考えられないだろうか。

マクロ経済学、財政学を専門とする松谷と、医学、物理学を専門とする藤正が共同で本書を出版することになったのは、二人がそうした認識を持ったことによる。そしてわれわれはその「縮小のメカニズム」に着目した。新たに生ずるそのメカニズムを、これまでの経済を動かしてきたメカニズムと同じ論理で説明し尽くすことは困難であろうと考えたのである。経済学はこれまで拡大する経済を対象に、その拡大のメカニズムを解明してきた。もしそのメカニズムを鏡に映したものが、つまり左右、プラス・マイナスが逆になっただけのメカニズムが「縮小のメカニズム」であるのなら、従来の経済学はこれからの経済に対しても有効である。しかし拡大のメカニズムと縮小のメカニズムが対称的でないのなら、これからの経済は新たな経済学を必要とする。そしてわれわれは新たな経済学が必要であると考えた。

物理学では、閉鎖空間においては使用できるエネルギーは有限であり、だから「右肩下がり」が通常の過程であると考える。これに対して、これまでの経済においては、人口や資源といった経済を動かすエネルギーが事実として無限に存在したのであり、したがって経済学は「右肩上がり」こそが通常の過程であると考えてきた。しかし第三章で指摘したように、例えば景気が回復するというメカニズム、すなわちストック調整は、需要が生産能力に追い付くことによって必ず完了するというメカニズムは、人口が減少し、需要が傾向的に縮小するという状況ではそもそも存在し得ないだろう。だから人口減少下では、景気循環のメカニズムはこれまでとは異なるはずである。そしてそうしたメカニズムの解明には、右肩下がりをこそ通常の過程とみなす経済学を必要とし、その基礎となる経済原理には物理学と相通ずるところがあるとするのがわれわれの考えである。

第四章で、これまでは積極的な設備投資による市場シェアの拡大が企業経営の目標であったが、これからの経済においては、市場の先行きを正確に読んで、自分の企業を適切にスリム化した者が勝ちであると述べた。人口減少下の経済においては企業経営の手法は変わらざるを得ないのである。それは政府の経済政策においても同様であり、例えば稼働可能な生産資本ストックが労働力の減少によって年々縮小していかざるを得ない状況では、公共投資が民間設備投資を誘発して景気を回復させるという景気浮揚効果は期待し得ず、経済政策の手法も変わらざるを得ない。いかなる企業経営、経済政策であることが永続する安定した経済をつくり上げるのか、その理論的基礎を提示するのもまた新たな経済学の使命であると考える。

最後にこれからの社会について述べておきたい。社会のもつ「求心力」は、大きく低下する可能性がある。それは人口減少が日本にもたらす最大の問題かもしれない。社会の存立の基盤は求心力にあり、人々は、まとまりを持つ社会があればこそ、安全と福祉を享受し得る。だから求心力の低下は人々の生活にとって脅威となる。では、いかにすれば、これからも社会の求心力を保持し得るのだろうか。

それには新たな「社会の価値」を創出するほかはないと考える。これまでの社会の価値は、「国民みんな」を豊かにするところにあった。それを実現したのが右肩上がりの経済であり、その下で国民の誰もが、程度の差はあれ、所得水準の上昇を享受し得た。「今日よりも明日は必ず良くなる」と確信した人々は、そうした経済をもたらす社会に依存しようとし、社会はそれによって求心力を保持し得たのである。つまりこれまでの社会の価値の源泉は、「国民みんな」のいわば共有財産であるGDPにあった。しかしこれからは、その共有財産が増加することはない。人口の減少を計算に入れても、横ばいから微減である。したがって社会の価値の源泉をGDPに置く限り、求心力がいまよりも低下することは避けられない。

加えて既得権の問題がある。GDPが増加しない場合には、既得権を持つ人と持たない人の格差はいままで以上に広がる。既得権を持つ人がこれまでと同様に所得水準の上昇を主張すれば、既得権を持たない人の所得は横ばいどころか、減少するのである。そうした不均衡の拡大は社会の求心力をさらに大きく低下させるだろう。だから求心力の低下を少しでも防ぐには、既得権を処理しなければならない。よくいわれる「国民みんなで痛みを分かち合うことが必要だ」という発想はそこに原点がある。それによって既得権を処理し、GDPをもってなんとか求心力を保持しようという発想であろう。

しかし今後人口が減少し、経済が縮小しても、確実に増加するものがある。それは余暇時間である。そして労働生産性と労働分配率が上昇すれば、その増加はさらに大きなものとなる。「今日よりも明日は必ず余暇時間が増加する」のである。だから、これからは経済価値よりも「個人」の時間価値の増大に目を転ずべきだとする社会学者の主張には大いに耳を傾ける必要がある。つまりは新たな「社会の価値」の創出である。ただし所得の場合と異なり、時間の持つ価値は、人によりさまざまに異なるだろう。ということは、余暇時間をもたらすという「社会の価値」も、人によりその大きさが異なることになる。つまり社会の価値に対する視座が、「みんな」から「個人」に移るのである。

また第三章では、地理的な集中傾向にあった人口が、これからは全国的な分散に向かう可能性があり、それが地方の地域社会を活性化するであろうことを指摘した。それによって人々の帰属意識は国から地域へと移っていくことも考えられる。そして地域に確固たるコミュニティーが形成され、国というものからは得られなかった効用を、その地域コミュニティーが人々に与え得るようになれば、それもまた新たな「社会の価値」の創出となるが、その場合は視座が「国民」から「住民」に移ることになる。

新たな価値が人々にとって大きな意味を持つものであればあるほど、社会の求心力は強くなり、人口減少のもとでも、日本はまとまりのある安定した社会を持つことができる。しかしその価値の大きさを決めるのは、これまでの「国民」「みんな」ではなく、「住民」「個人」である。だから、まとまりのある安定した社会といっても、その社会はこれまでとはかなり様相を異にした社会になるだろう。

人口の減少とともに経済と社会もまた、間もなく極大値を迎えるが、その極大値の前と後では、経済と社会を動かすメカニズムは、以上述べたようにかなり異なったものになると思われる。しかし極大値後の経済社会は人類が初めて経験するものであり、そこにはなお解明すべき多くの部分が残されている。その点については、われわれの所属する政策研究大学院大学に「極大値後の社会プロジェクト（Post Maximum Society Project）」を設け、今後精力的に研究を進めることを予定しており、いずれその成果を世に問うことになろう。本書とそのプロジェクト研究が、現在の迷走する経済と社会に、一つの指針となるのであれば望外の喜びである。

二〇〇二年五月

松谷明彦
藤正　巖

松谷明彦（まつたに・あきひこ）

1945年（昭和20年），大阪に生まれる．
東京大学経済学部経済学科・同経営学科卒業．大蔵省主計局主計官，大臣官房審議官などを経て，現在，政策研究大学院大学教授．

藤正 巖（ふじまさ・いわお）

1937年（昭和12年），東京に生まれる．
1964年，東京大学医学部医学科卒業．東京大学医学部助教授，同大学先端科学技術研究センター教授などを経て，現在，政策研究大学院大学教授．東京大学名誉教授，医学博士．
著書『見えない機械』（オーム社）
『科学協奏曲「ファラデー講話会」』（中山書店）
『ウェルカム・人口減少社会』（文春新書）
『移植と人工臓器』〔共編著〕（岩波書店）ほか．

人口《じんこう》減少《げんしょう》社会《しゃかい》の設計《せつけい》
中公新書 *1646*

2002年 6 月15日印刷
2002年 6 月25日発行

著 者 松谷明彦
藤正 巖
発行者 中村 仁

本文印刷 三晃印刷
カバー印刷 大熊整美堂
製 本 小泉製本

発行所 中央公論新社
〒104-8320
東京都中央区京橋 2-8-7
電話 販売部 03-3563-1431
編集部 03-3563-3668
振替 00120-5-104508
URL http://www.chuko.co.jp/

◇定価はカバーに表示してあります．
◇落丁本・乱丁本はお手数ですが小社販売部宛にお送りください．送料小社負担にてお取り替えいたします．

Printed in Japan ISBN4-12-101646-7 C1236

# 中公新書刊行のことば

いまからちょうど五世紀まえ、グーテンベルクが近代印刷術を発明したとき、書物の大量生産は潜在的可能性を獲得し、いまからちょうど一世紀まえ、世界のおもな文明国で義務教育制度が採用されたとき、書物の大量需要の潜在性が形成された。この二つの潜在性がはげしく現実化したのが現代である。

いまや、書物によって視野を拡大し、変りゆく世界に豊かに対応しようとする強い要求を私たちは抑えることができない。この要求にこたえる義務を、今日の書物は背負っている。だが、その義務は、たんに専門的知識の通俗化をはかることによって果たされるものでもなく、通俗的好奇心にうったえて、いたずらに発行部数の巨大さを誇ることによって果たされるものでもない。現代を真摯に生きようとする読者に、真に知るに価いする知識だけを選びだして提供すること、これが中公新書の最大の目標である。

私たちは、知識として錯覚しているものによってしばしば動かされ、裏切られる。私たちは、作為によってあたえられた知識のうえに生きることがあまりに多く、ゆるぎない事実を通して思索することがあまりにすくない。中公新書が、その一貫した特色として自らに課すものは、この事実のみの持つ無条件の説得力を発揮させることである。現代にあらたな意味を投げかけるべく待機している過去の歴史的事実もまた、中公新書によって数多く発掘されるであろう。

中公新書は、現代を自らの眼で見つめようとする、逞しい知的な読者の活力となることを欲している。

一九六二年一一月

## 経済・経営 I

ハーバード・ビジネス・スクールにて　土屋守章
流通革命（増訂版）　林周二
経営と文化　林周二
流通は進化する　伊藤元重
顧客社会　奥住正道
デファクト・スタンダードの経営戦略　山田英夫
広告の科学　チャールズ・ヤン
日本的経営　尾高邦雄
幕末維新の経済人　坂本藤良
岩崎小彌太（いわさきこやた）　宮川隆泰
日本企業の人材形成　小池和男
雇用リストラ　櫻井稔
これからの生命保険　安井信夫
企業年金危機　河村健吉
娘に語る年金の話　河村健吉

ケインズ　早坂忠
「ケインズ革命」の群像　根井雅弘
訴訟社会アメリカ　長谷川俊明
株主代表訴訟　大橋敬三／C・R・ヘルム
社外取締役　大橋敬三
コーポレート・ガバナンス　田村達也
グローバリゼーション　小島明
複合不況　宮崎義一
平成不況の政治経済学　佐和隆光
デリバティブ　新保恵志
金融工学の挑戦　今野浩
ビッグバン成功への条件　菊地悠二
国際金融現場からの証言　太田赳
大蔵省はなぜ追いつめられたのか　真渕勝
公共事業の正しい考え方　井堀利宏

## 政治・法律 I

社会科学入門　猪口　孝
地政学入門　曽村保信
戦略的思考とは何か　岡崎久彦
現代戦争論　加藤　朗
テロ―現代暴力論　加藤　朗
軍事革命（ＲＭＡ）　中村好寿
後藤新平　北岡伸一
キメラ―満洲国の肖像　山室信一
技術官僚の政治参画　大淀昇一
法と社会　碧海純一
陪審裁判を考える　丸田　隆
ドキュメント 弁護士　読売新聞社会部
少年法　澤登俊雄
情報公開法　林田　学
交通事故賠償（増補改訂版）　加茂隆康

取引の社会　佐藤欣子
政策形成の日米比較　小池洋次
アメリカン・ロイヤーの誕生　阿川尚之
戦略家ニクソン　田久保忠衛
江沢民の中国　朱　建栄
中国と台湾　中川昌郎
忘れられない国会論戦　若宮啓文
戦後史のなかの日本社会党　原　彬久
石橋湛山　増田　弘
日本政治の対立軸　大嶽秀夫
いま政治になにが可能か　佐々木　毅
現代政治学の名著　佐々木毅編
政治意識図説　松本正生
都市の論理　藤田弘夫
税制ウォッチング　石　弘光
日本の行政　村松岐夫
日本の医療　J・C・キャンベル 池上直己

ローカル・イニシアティブ　藪野祐三
国土計画を考える　本間義人
海の帝国　白石　隆
アジア政治を見る眼　岩崎育夫

中公新書

# 政治・法律 II

国際政治　高坂正堯
国際関係論　中嶋嶺雄
日本の外交　入江昭
新・日本の外交　入江昭
日本外交 現場からの証言　孫崎享
OECD（経済協力開発機構）　村田良平
経済交渉と人権　山根裕子
日露国境交渉史　木村汎
日米コメ交渉　軽部謙介
イスラエルとパレスチナ　立山良司
新しい民族問題　梶田孝道
地球化時代の国際政治経済　賀来弓月
中国、一九〇〇年　三石善吉

中公新書

## 社会・教育 I

## 社会・教育 II

不平等社会日本　佐藤俊樹
子どもという価値　柏木惠子
親とはなにか　伊藤友宣
家庭のなかの対話　伊藤友宣
父性の復権　林　道義
母性の復権　林　道義
安心社会から信頼社会へ　山岸俊男
大人たちの学校　山本思外里
日本の教育改革　尾崎ムゲン
大学淘汰の時代　喜多村和之
大学は生まれ変われるか　喜多村和之
大学生の就職活動　安田　雪
大衆教育社会のゆくえ　苅谷剛彦
理科系の作文技術　木下是雄
理科系のための英文作法　杉原厚吉

数学受験術指南　森　毅
〈戦争責任〉とは何か　木佐芳男
国際歴史教科書対話　近藤孝弘
人間形成の日米比較　恒吉僚子
イギリスのいい子 日本のいい子　佐藤淑子
異文化に育つ日本の子ども　梶田正巳
ミュンヘンの小学生　子安美知子
私のミュンヘン日記　子安　文
母と子の絆　宮本健作
伸びてゆく子どもたち　詫摩武俊
元気が出る教育の話　斎藤次郎 森　毅
子ども観の近代　河原和枝
変貌する子ども世界　本田和子
子どもはことばをからだで覚える　正高信男
父親力　正高信男
子どもの食事　根岸宏邦
ボーイスカウト　田中治彦

県民性　祖父江孝男
在日韓国・朝鮮人　福岡安則
韓国のイメージ　鄭　大均
日本(イルボン)のイメージ　鄭　大均
海外コリアン　朴　三石
住まい方の思想　渡辺武信
住まい方の演出　渡辺武信
住まい方の実践　渡辺武信
快適都市空間をつくる　青木　仁
ガーデニングの愉しみ　三井秀樹
美の構成学　三井秀樹
フランスの異邦人　林　瑞枝
ギャンブルフィーヴァー　谷岡一郎
OLたちの〈レジスタンス〉　小笠原祐子
ネズミに襲われる都市　矢部辰男
学習障害(LD)　柘植雅義
人口減少社会の設計　松谷明彦 藤正　巖